A Mão e os Nossos Destinos
Quiromancia Dedutiva e Ciências Correlatas

BAPTISTA DE OLIVEIRA

A Mão e os Nossos Destinos
QUIROMANCIA DEDUTIVA E CIÊNCIAS CORRELATAS

MADRAS®

© 2017, Madras Editora Ltda.

Editor:
Wagner Veneziani Costa

Produção e Capa:
Equipe Técnica Madras

Ilustrações Internas:
Laudo Ferreira Jr.
Omar Viñole

Revisão:
Sergio Scuotto
Neuza Aparecida Rosa Alves
Daniela Piantola

Dados Internacionais de Catalogação na Publicação (CIP)
(Câmara Brasileira do Livro, SP, Brasil)

Oliveira, Baptista de
A mão e os nossos destinos : quiromancia dedutiva
e ciências correlatas / Baptista de Oliveira. --
São Paulo : Madras, 2017.
ISBN: 978-85-370-1051-8

1. Quiromancia I. Título.

17-01850   CDD-133.6

Índices para catálogo sistemático:
1. Leitura da mão : Quirognomia 133.6
2. Quiromancia 133.6

Proibida a reprodução total ou parcial desta obra, de qualquer forma ou por qualquer meio eletrônico, mecânico, inclusive por meio de processos xerográficos, incluindo ainda o uso da internet, sem a permissão expressa da Madras Editora, na pessoa de seu editor (Lei nº 9.610, de 19/2/98).

Todos os direitos desta edição reservados pela

MADRAS EDITORA LTDA.
Rua Paulo Gonçalves, 88 — Santana
CEP: 02403-020 — São Paulo/SP
Caixa Postal: 12188 — CEP: 02013-970 — SP
Tel.: (11) 2281-5555 — Fax: (11) 2959-3090
www.madras.com.br

*Aos espíritos Kardec e Flammarion, pelo bem infinito
que lhes deve o autor.*

Índice

Prefácio 11
Introdução 13
A Tradição 15
Quiromancia Moderna 19
Ciências Correlatas 25
Quironomonia 31
Estudo Quironomônico dos Dedos 39
    O Polegar 39
    O Indicador 42
    O Médio 43
    O Anular 44
    O Auricular 45
Quiromancia 47
    Os Montes 47
    Monte de Vênus 48
    Monte de Júpiter 49
    Monte de Saturno 49
    Monte de Apolo 50
    Monte de Mercúrio 51
    Monte de Marte 51
    Monte da Lua 52
As Linhas 55
    Linha da Vida 55
    Linha da Cabeça 58
    Linha do Coração 60
    Linha do Destino 62
    Linha da Intuição 63

Linha da Fortuna 64
Os Signos 67
    A Estrela 70
    As Cruzes 71
    Linhas Verticais e Horizontais 73
    Os Ramos 74
    As Cadeias 75
    As Grades 75
    As Barras 76
    A Ilha 77
    O Ponto 77
    O Quadrado 78
    O Triângulo 78
Generalidades 81
    A Letra M 81
    O Triângulo 84
    O Quadrângulo 85
    Anel de Vênus 85
    Linhas do Punho 87
    Linhas de Viagens 88
    A Procriação e o Casamento 88
Os Mundos e Suas Influências 89
    O Mundo Material 91
    O Mundo Moral 92
    O Mundo Divino 94
Tipos Planetários 97
    Tipo Planetário de Vênus 98
    Tipo Planetário de Júpiter 99
    Tipo Planetário de Saturno 101
    Tipo Planetário do Sol (Apolo) 102
    Tipo Planetário de Mercúrio 103
    Tipo Planetário de Marte 105
    Tipo Planetário da Lua 107
Quiromancia Astrológica 111
    Vênus 114
    Júpiter 115
    Saturno 115
    Apolo 116
    Mercúrio 117
    Marte 118
    Lua 118
Diferença das Mãos 121
Quiromancia Prática 123

A Leitura das Mãos 123
As Datas 129
O Passado 130
O Presente 133
    O Orgulho 133
    A Avareza 134
    A Devassidão 134
    A Cólera 135
    A Preguiça 135
    A Inveja 135
    A Corrupção 136
    A Grosseria, a Violência, o Crime 136
    O Futuro 137
Indicações Quirománticas 143
    Adultério 147
    Separação e Rompimento 148
    Fatalidade no Amor 149
    Exílio 150
    Gravidez 151
    Heranças 152
    Crimes 153
Conclusão 155

Prefácio

Escrito em 1936 pelo professor doutor Baptista de Oliveira, o livro *A Mão e os Nossos Destinos — Quiromancia Dedutiva e Ciências Correlatas* foi publicado pela primeira vez somente em 1938, como uma grande contribuição aos quiromantes daquela época em seus estudos e também como um veículo. É impressionante como, quase 80 anos depois, continua sendo uma obra vital tanto para leigos quanto para estudiosos do assunto.

O cenário do início do século XX, quando a obra foi lançada, mostrava uma sociedade em crescimento material, com o desenvolvimento da indústria e os novos experimentos e descobertas da ciência. Além disso, o papel da mulher se limitava a ser uma dona de casa dedicada, submissa ao seu marido. Os conceitos de moral também eram um tanto diferentes dos que cremos hoje, no mundo moderno.

Ao mesmo tempo, na década de 1939 o esoterismo aflorava de modo empírico, mostrando que o conhecimento provém unicamente da experiência vivenciada do que pode ser captado do mundo externo, pelos sentidos, ou do mundo subjetivo, pela introspecção.

É nesse contexto que surge a mente inquietante de Baptista de Oliveira que, apesar de ser um materialista, era também dedicado aos estudos do Espiritismo e, a partir de suas observações e experimentos não mediu esforços para tornar a Quiromancia mais popular. Na época, ele fundou o Instituto de Metapsicologia e

Ciências Ocultas do Rio de Janeiro, que era um centro de estudos, pesquisas e análise das manifestações metapsíquicas e supermentalistas.

No Instituto eram realizadas aulas práticas e teóricas de ciências ocultas, e iniciação científica e esotérica. Também dispunha de cursos de Grafologia, Quiromancia, Astrologia, Psicanálise e Hipnose.

Por meio da Quiromancia, Batista de Oliveira trazia uma grande ferramenta para detectar, a partir de um estudo minucioso, as melhores profissões para as pessoas, bem como para mostrar as qualidades ou defeitos morais dos indivíduos, seus vícios ou virtudes, os quais são expressos nas linhas das mãos. Desse modo, mostrava que a arte de ler as mãos tornava-se um direcionador, apontando novos rumos para a vida dos consulentes.

Por considerarmos ser fundamental que todo esse conhecimento histórico não se perdesse, estamos publicando esta obra octogenária, para que os leitores e estudiosos da atualidade possam tomar contato com essa joia rara, que não poderia ficar oculta aos nossos olhos, e utilizá-la para seu aprimoramento. Ressaltamos que mantivemos a linguagem e os conceitos do autor, para a sua época, o que não os torna obsoletos apesar de tantos anos terem se passado.

Tenham uma boa leitura e façam excelentes aprendizados.

Wagner Veneziani Costa
Editor-Chefe e Presidente da Madras Editora

Introdução

Há 20 anos, seguramente, eu me entrego com dedicação e marcado interesse ao estudo dos fenômenos psíquicos, das leis que regem as relações entre o mundo sensível e o mundo oculto, procurando lançar sobre a região dos mistérios a luz da experimentação científica, fiel aos princípios que nortearam os trabalhos dos espíritos ilustres que me precederam nessa tarefa, sem dúvida nobre.

Desde então, como o aventureiro que desbrava uma região desconhecida e maravilhosa a que o tenha levado sua paixão pelo ignorado, eu tenho, dia a dia, o encanto de novos imprevistos e, cada vez mais robustecida pelo testemunho eloquente dos fatos, a convicção que me ficou da teoria espírita exposta nos seis admiráveis volumes que constituem a obra imperecível de Allan Kardec.

Depois de haver franqueado o campo do Espiritismo propriamente dito, pela leitura de tudo quanto a seu respeito se havia escrito, vi que o meu espírito continuava sequioso por novas indagações e ainda mais fascinado pelas estranhas descobertas feitas no Reino das Sombras, onde Ísis avaramente oculta, sob as dobras do seu clássico véu, outras modalidades das forças múltiplas em jogo na natureza.

O ocultismo prendeu-me a atenção e ofereceu-me um campo imensamente vasto, próprio para quem, como eu, tem a volúpia do conhecimento das leis superiores que regem a evolução do mundo, a nossa vida e os nossos destinos.

Por seu caráter prático, por sua feição verdadeiramente experimental, das chamadas ciências adivinhatórias, foi a Quiromancia a que mais me prendeu a atenção. Vi a realidade das suas conclusões no estudo comparado das linhas das mãos, nos fatos da minha vida e do meu passado.

Quando descobri seus segredos, aprendendo a decifrar os signos enigmáticos, objeto dos seus estudos, encontrei claramente descrito na minha mão o caráter de que se reveste minha personalidade com seus defeitos e predicados bons. Nas linhas da mão esquerda estavam bem eloquentes o presente que estou vivendo, minha vida passada e o futuro, a que fatalmente serei levado pelos caprichos do meu curiosíssimo destino.

Contrário a todo sectarismo, eu, diversamente dos meus confrades espíritas, nada encontro no ocultismo em oposição aos princípios fundamentais da nossa doutrina. A revelação feita a Allan Kardec nada mais é do que o ensino claro, sem símbolo, despido das imagens, sem figuras ou rodeios, daquilo que já se podia expor sem a roupagem de que havia necessitado tanto, no começo, para se transfigurar aos olhos do vulgo.

Para aprofundar meus conhecimentos em Quiromancia, tive de socorrer-me com autores estrangeiros, fui forçado a ler suas obras no original, pois são simplesmente deficientes as que encontramos escritas em português ou traduzidas para a nossa língua.

Os esplêndidos resultados colhidos nas minhas investigações e o bem que me tem proporcionado a Quiromancia, permitindo-me o conhecimento prévio do caráter das pessoas com quem travo relações, animaram-me a escrever este livro e o faço desejoso de oferecer a outros espíritos, como o meu, indagadores e sequiosos de saber, os meios e de algum modo o necessário estímulo para unir-se aos que, deslumbrados pela visão do Alto, investigam e trazem alguma luz aos domínios misteriosos do mundo oculto.

Batista de Oliveira

A Tradição

"A Quiromancia será a gramática do homem."
Alexandre Dumas Filho

Como todas as ciências, a despeito da natureza misteriosa que erroneamente lhe conferem, a Quiromancia nasceu da observação e se desenvolveu graças ao método empírico, único de que poderiam lançar mão os primeiros homens que atentaram sobre as relações estranhas existentes entre as linhas das mãos e os nossos destinos.

A dar crença à tradição, Deus pôs na mão de Suas criaturas, como um selo, os signos indicadores do caráter e das predisposições de cada uma, de modo a lhes tornar possível a visão do futuro.

Salomão, o faustoso rei de Israel, aquele cujo espírito de justiça ainda é lembrado como um exemplo, costumava dizer aos seus súditos que Deus havia posto a longevidade da vida do homem nas linhas da mão esquerda e nas da mão direita, as riquezas e as honrarias.

Os antigos, menos preocupados com a vida, livres dos cuidados e dos deveres que tanto assinalam a existência dos povos civilizados, solicitados como são por tantas e tão penosas circunstâncias oriundas mesmo do progresso do mundo, dispunham do vagar necessário às meditações profundas acerca dos mistérios da vida e do Universo.

As ciências cultas devem a essa circunstância o enorme desenvolvimento que tiveram no passado, assentando-se sobre bases tão sólidas como as que pretendemos dar à ciência experimental dos nossos dias.

Infelizmente a tradição oral não nos legou, com a necessária precisão, esses belos ensinamentos. Eles chegaram à Renascença completamente adulterados, consequência do exagero a que está sempre voltada a apreciação do povo sobre o que traz em si algo maravilhoso.

Os sábios que nos séculos XIV, XV e XVI se ocuparam de tais estudos se viram forçados a abandonar o empirismo que os orientava, e a Quiromancia, até então astrológica porque levava sempre em conta a influência planetária que incidia sobre os indivíduos, buscou os sólidos fundamentos da observação.

A razão que já se operava contra as ciências secretas de então, e a ascendência que a Química e a Física iam tendo como ciências de experimentação, justificavam as inovações introduzidas na Quiromancia.

O dedo do oficialismo começava a se fazer sentir, marcando indelevelmente a sua reconhecida inépcia com o selo catedrático das universidades, condenando-se sumariamente todo o volumoso acervo de muitos séculos de pacientes observações.

Os erros, então, foram inúmeros, o que contribuiu poderosamente para o descrédito da Quiromancia, cujos três séculos de esquecimento e de desmoralização valeram por uma prova da resistência extraordinária dos ensinos transmitidos por via oral.

Houve, porém, quem alimentasse o fogo sagrado, como as antigas vestais, conservando puros os conhecimentos vindos do passado e que se iam ampliando por novas observações.

Fez-se, pouco a pouco, a reação necessária contra a alarmante "metodização" da Quiromancia científica do século XVII.

Pioneiro desse movimento de reabilitação, Adrian Sinclair, retomando o fio dos ensinamentos antigos, escreveu um tratado real de Quiromancia, no que foi seguido por outros autores.

Preparou-se, assim, o caminho à obra dos investigadores modernos. Com muita inteligência eles estão aliando o resultado das observações às conclusões empíricas dos quiromantes antigos, utilizando-se com real proveito dos ensinamentos da ciência, no que ela realmente tem de útil, sem desprezar as indagações feitas em tal sentido, no largo período de tempo decorrido entre os séculos XIV e XIX.

A tradição, assim ajudada pela ciência, refez-se inteiramente e se impôs, clara, luminosa, ganhando a Quiromancia em autoridade pelo acerto de suas conclusões.

É maravilhosa, na verdade, de beleza moral, essa cruzada, maior ainda por se haver sustentado, precisamente na fase do despotismo da ciência positiva, na quadra calamitosa em que o materialismo, desfraldando uma bandeira de cores berrantes de realismo, decretava a morte de todas as crenças e condenava a fé que não se robustecesse pela convicção formada à margem dos fatos explicados nos limites das leis naturais cientificamente aceitas.

Depois dos espalhafatosos estudos de Gall, na Alemanha, a Quiromancia sofreu uma sensível modificação que iria orientar seu desenvolvimento futuro.

D´Arpentigny introduziu-lhe o estudo da forma dos dedos, estudo a que Desbarolles, na França, deu nova e mais acertada feição, após a publicação dos seus dois grandes tratados – *Mistérios da Mão* e *Revelações Completas*. Esses livros deram à Quiromancia um impulso extraordinário.

No prefácio de uma das últimas obras de Desbarolles, Alexandre Dumas Filho, a quem o livro é dedicado, fala da importância da Quiromancia num futuro próximo como método do conhecimento prévio do caráter e das aptidões dos indivíduos. E sentencia: *"A Quiromancia será a gramática do homem"*.

Hoje, a credibilidade da Quiromancia é um fato. Cada vez mais a vemos firmada em fundamentos sólidos, tanto pelo valor e pela grandeza moral dos seus investigadores como pelo interesse manifesto do público por suas indagações e conclusões acerca dos destinos humanos.

A essa obra estupenda que o nosso século está construindo, julguei prudente dar o meu concurso, modesto, é certo, mas sincero e meditado. Espero trazer ainda outros elementos à continuação do majestoso edifício, sob cujas arcadas, um dia, se processará, com o rigor que convém ao método experimental, o exame prévio do destino daqueles que, para cumprir a grande lei da vida, descem ao nosso plano para comungar conosco a hóstia mista das alegrias e dos sofrimentos.

Quiromancia Moderna

"A vida é uma ideia."
(Gabriel Delane)

A Quiromancia moderna tem o duplo aspecto que lhe dá a tradição associada às investigações científicas realizadas a partir do século XIX. Ao empirismo do começo juntou-se a análise meticulosa dos gabinetes. Os estudos comparados e a metodização dos processos de exame erigiram a Quiromancia dedutiva sobre bases experimentais.

O estudo da mão, diz a Marquesa de Circe, é uma parte do estudo geral do corpo humano, estudo a que a Fisiologia e a Psicologia são chamadas a dar seus pareceres valiosos.

"Realmente, o estudo da mão, em conjunto, nos obriga a referências, pelo menos gerais, ao cérebro, à conformação craniana dos indivíduos, à sua fisionomia, enfim, a toda a sua economia orgânica. As mãos fazem parte de um todo, de um conjunto de órgãos e desse conjunto não se podem separar."

As pessoas que se habituaram a ver a Quiromancia sob os aspectos geralmente emprestados às ciências ocultas, tomando-a como uma ciência adivinhatória, estranharão, naturalmente, essa sua união à ciência material.

"Em que consiste a vida?" — pergunta Picard. "Os fenômenos vitais diferem essencialmente dos fenômenos que observamos na natureza inanimada? Já não há biólogos partidários das velhas escolas vitalistas, pelo menos nos seus aspectos primários, mas ainda há quem pense, como Claude Bernard, que a matéria não origina os fenômenos que ela nos mostra, admitindo, como o grande fisiologista, um princípio de ordem, uma ideia diretriz."

Nenhuma teoria convém melhor à nossa tese do que a que tornou célebre o ilustre cientista francês.

A ideia diretriz de Claude Bernard é, justamente, o que nós, os ocultistas, chamamos corpo astral, mediador plástico entre o espírito e a matéria, elemento no qual se encontram, em traços profundos, as linhas mestras e os detalhes da nossa existência. A vida é a execução de um plano e a mão nos oferece o esboço desse plano, o seu traçado.

Uma das grandes vitórias do Espiritismo foi, sem dúvida, o esplêndido resultado a que chegaram os investigadores conscientes, no século XIX, relativamente aos fenômenos do soma magnético. Graças a esses resultados, o estudo da alma se transportou da Psicologia para o terreno mais seguro da observação, no qual se patenteiam as manifestações objetivas do Eu.

Somente agora, depois das vitoriosas teorias de Richet, a Psicologia oficial ensaia o abandono dos velhos postulados traçados pelas escolas filosóficas do passado, admitindo caráter objetivo a fenômenos que somente poderiam ser aceitos no domínio da introspecção.

A teoria da reencarnação trouxe para a Quiromancia um valioso contingente. Já agora podemos demonstrar, à luz dos fatos, a existência de um plano dentro de cujos limites se desenrola a vida humana.

A ideia diretriz de Claude Bernard se positiva claramente pela existência do princípio intermediário entre a matéria e o espírito, princípio que, segundo Gabriel Delane, mantém o tipo corporal, não obstante o turbilhão da matéria, sustentando-o e reparando-o durante toda a duração da vida.

É muito interessante essa capacidade inteligente da matéria cega de se substituir sem alterar o tipo, o que levou o já mencionado fisiologista francês a dizer ao se referir à harmonia da evolução da vida: "Há uma espécie de desenho vital que traça o plano de cada ser, de cada órgão, de modo que, considerado isoladamente, cada fenômeno do organismo é tributário das forças gerais da natureza; tomados em sua sucessão e no seu conjunto, tais fenômenos revelam uma dependência especial, como se fossem dirigidos por *qualquer condição especial* na direção que seguem, na ordem verificada no seu encadeamento". E, mais expressivo, exclamou: "A vida é uma ideia!".

O argumento é satisfatório como demonstração da existência de um plano a que obedece a evolução da vida.

Se a natureza, agindo por intermédio de forças ainda desconhecidas, elabora um plano dentro do qual se desenvolve a vida física, por que lhe faltariam meios para estender esse plano à vida moral dos indivíduos, traçando-lhes um caminho e um limite às suas ações? Parece muito mais fácil dirigir as forças morais do que imprimir uma direção rígida à matéria sacudida incessantemente pelo turbilhão vital.

Há um plano moral como há um plano físico. As mãos nos revelam as linhas desse plano e, graças ao seu conhecimento, nos dá a natureza meios para atinar, senão para modificar, inteiramente o rigor com que o destino nos ameace ferir.

O quiromante moderno orienta suas investigações dentro desse conceito da vida. A tradição é o seu elemento. A ciência é a bússola que lhe assegura o rumo.

Sem esquecer a tradição, antes valorizando cada vez mais o acervo que ela nos legou, vamos aumentando o nosso cabedal científico pelo registro cotidiano de novas observações e de novos fatos comprovadores das teorias formuladas à margem das revelações ratificadas pelos acontecimentos.

O material para estudo é copioso e diversificado. As instituições de caridade, públicas ou não, os hospitais, as casas de recolhimento, os asilos, as escolas e os conservatórios, em todos esses lugares onde se juntam pessoas marcadas por um mesmo destino, tem o quiromante moderno um vasto campo para suas observações.

Aqui, em um instituto para cegos, verifica-se nas mãos dos recolhidos a semelhança dos mesmos signos que predizem a perda da visão, representados pela projeção violenta da Saturnina sobre a Natural, acrescida de outros signos anunciadores de tão terrível fatalidade.

Ali, em um conservatório de música, pode-se ver nas mãos dos alunos adiantados, dos que conseguiram boas notas pelo progresso feito nos estudos e pelo gosto revelado, a confirmação dos ensinos da Quiromancia relativa aos eleitos da arte.

Mais adiante, em um manicômio, tem-se a prova dos signos que prognosticam a loucura, verificando se realmente os infelizes têm, privados da razão, um Monte da Luz exuberante e a Natural cortada profundamente por linhas de lado.

Mas não é somente nos lugares onde nossa alma se pune de tristeza e de dor, que poderemos encontrar esse farto material humano para estudos e observações. Nas escolas especializadas, nos cursos de Direito ou de Medicina, nos seminários ou nas oficinas, em toda parte, seja entre o vozerio estonteante das crianças em recreio, seja nos gabinetes de pesquisas ou nas cátedras em que se escalda o cérebro na solução de cálculos em que intervenham signos algébricos ou logaritmos, pode o quiromante apaixonado por sua ciência fundamentar as conclusões a que tiver chegado em seus estudos pelo confronto entre casos futuros e casos, como se pode dizer, de um futuro anterior, de um futuro atualizado.

O quiromante não é um ser privilegiado, uma criatura misteriosa, dotada de faculdades estranhas, um predestinado a descobrir pela inspeção das linhas das mãos, a curva dos destinos humanos, a boa ou a má sorte que nos reserve o futuro.

A Quiromancia é uma ciência de observação, tem uma finalidade elevada, pretende altos objetivos morais, educacionais e sociais, assemelhando-se pela grandeza da sua missão a um verdadeiro apostolado.

Naturalmente, nem todos os que tentarem o estudo da Quiromancia serão bons quiromantes. Como as demais ciências, ela também exige do candidato à penetração dos seus segredos a vocação necessária.

Ciências Correlatas

"As coisas de um ambiente ficam impregnadas das qualidades das pessoas que o habitam."
(Balzac)

As ciências se completam e é do concurso de todas que se alimenta e vive a Filosofia.

Tomemos a Quiromancia nesta concepção e avaliemos a importância de que se revestem as ciências que lhe são correlatas.

Quando examinamos as linhas da mão de uma pessoa, não podemos nem devemos perder de vista sua fisionomia, os traços mestres de sua conformação e até mesmo seus gestos, suas expressões.

O rosto, dizia um sábio antigo, reflete a alma. Os olhos nos falam dos desejos e das paixões. Hoje já não se contesta a correlação estreita existente entre o corpo e o espírito.

Os romancistas de todos os tempos têm a noção dessa relatividade entre a fisionomia e a moral, pois em geral, na apresentação do caráter dos seus personagens, eles comprovam as qualidades boas ou más que lhes descobrem ou que lhes emprestam pelos correspondentes de seu físico.

Muitas vezes, por um simples golpe de vista sobre certo traço fisionômico de uma determinada pessoa, conseguimos formar um juízo seguro do seu caráter, das suas qualidades morais.

O nariz, a boca, os olhos, a fronte, uma expressão do olhar, tudo isso pode tomar, em certos casos, uma significação eloquente e nos revelar os mistérios de uma individualidade desconhecida.

Quem tomará, por exemplo, como um homem simples, descuidado e calmo, sem rancores e sem impaciências aquele que, além de uma fronte saliente e grande, malconformada e de uns olhos pequeninos e vivos, fuzilantes, ainda nos apresenta um nariz excessivo, bem plantado no rosto, uma boca extensa e certas contrações na face, denunciadoras de um temperamento facilmente irritável?

Ninguém, por menos preparado nestas coisas, confunde hoje a expressão natural de um homem enérgico, forte, ativo, disciplinador, com a de um covarde, inconstante e serviçal.

Quem trocaria, ao ler Cervantes, as figuras de Dom Quixote e Sancho Pança? O físico do primeiro não lhe exprime mesmo as qualidades de cavalheiro andante, idealista, enquanto que a do outro nos dá a mais forte impressão de um escudeiro utilitário?

Reparem nas figuras da Santa Ceia, a doce expressão de Jesus, traduzida no olhar de vítima inocente a ser imolada para redimir um mundo de pecados e a de Judas, desconfiado e covarde, denunciando por um gesto tímido a sua infame traição!

Como é diferente o mesmo semblante quando ri e quando chora!

Os sentimentos, os desejos, as vontades, as ideias, tudo o que constitui o mundo do espírito se patenteia sob a forma necessária, no momento, por meio de movimentos próprios imprimidos aos músculos do rosto.

O que se dá com as impressões transitórias também ocorre, e de melhor modo, com as que são permanentes.

Cada tendência, cada sentimento, cada qualidade de que somos portadores imprime à nossa fisionomia um sinal que a denuncia aos olhos do observador experiente.

O olhar dos idiotas, o riso ingênuo dos bobos e a conformação que os lábios tomam nas pessoas enamoradas de si mesmas, dosególatras, são expressões diferentes de estados de alma diferentes.

Pelo exame da fisionomia de uma pessoa, pode-se determinar o seu caráter, as tendências dominantes do seu espírito e, em alguns casos, até mesmo o gênero de vida que prefere, a sua profissão. Já não nos enganamos a respeito do caráter geral de uma pessoa a quem observamos.

Na imensa variedade de tipos, na grande diversidade de feições, o fisionomista vai apurando, um a um, os traços marcantes da personalidade, até poder apresentá-la completa.

Quem não vê, pela fisionomia, a diferença extraordinária que há entre a alma cândida e meiga, ingênua e boa de uma criança e a de um indivíduo de mãos precedentes, destes que trazem a consciência retalhada pelo remorso de suas contravenções?

Como a Fisionomia, a Frenologia também estuda os caracteres humanos. O cérebro e o crânio são seu campo de estudo e de observações.

São ainda incertos seus passos, mas o caminho já percorrido constitui, sem dúvida, uma bela conquista no domínio do saber.

Foi o fisiologista alemão, Gall, quem deu à Frenologia as necessárias bases científicas, firmando-se nos estudos então correntes acerca da constituição do cérebro, cuja conformação é representada exteriormente pelo crânio.

De acordo com as observações de Gall, poderemos ver, pelo desenvolvimento das circunvoluções do cérebro, quais as qualidades que se avolumam no indivíduo em prejuízo de outras que estacionaram ou que se atrofiaram.

Ciência essencialmente prática, a Frenologia ainda não interessou vivamente os investigadores dos mistérios que envolvem a alma humana. Não deve tardar, porém, o dia em que ela, engrandecida pelos fatos e pela observação, venha juntar-se às ciências adivinhatórias no combate secular travado entre a curiosidade do homem e o retraimento das forças naturais.

A Grafologia merece uma referência toda especial como ciência adivinhatória relacionada ao caráter dos homens. Das ciências do seu objeto é ela a que melhor se positiva, pelo absoluto acerto de suas revelações.

A letra é o homem, como se dizia antigamente em relação ao estilo.

Em minhas investigações de tantos anos, nos muitos milhares de letras que tenho examinado, não registro um único caso em que o resultado da análise não se tenha ajustado perfeitamente à realidade.

No decorrer do ano de 1935, mantinha eu uma seção de Grafologia para o jornal diário *O Paiz*, trabalho a que me entregava com prazer e sem qualquer provento que não o desenvolvimento dos meus conhecimentos da ciência em que me exercitava mais.

A correspondência me chegava volumosa pelos correios. As cartas eram atentamente lidas, examinadas em sua contextura e no tipo da letra e classificadas pela ordem de entrada no meu arquivo.

Certo dia, recebi do Ceará, do lugar denominado Serra do Baturité, uma carta manuscrita firmada pelo tenente F. Rompal da Costa. Eram-me absolutamente desconhecidos o lugar de onde procedia a correspondência e a pessoa que a firmava.

Simpatizei com o tipo de letra do sr. Rompal e esta circunstância me levou a um exame mais atento de sua escrita. Desci a detalhes, o que raramente fazia, dada a exiguidade do tempo de que dispunha para atender todos os meus apressados consulentes.

O aparatoso cursivo do sr. Rompal da Costa, aliado a outras características do seu tipo de letra, deu-me uma noção perfeita do seu caráter, da sua individualidade, e cheguei mesmo a focalizar particularidades do seu espírito, gostos e tendências com uma precisão impressionante.

Levantado, assim, o retrato grafológico do meu longínquo e absolutamente desconhecido consulente, enderecei-lhe a solicitada resposta e aguardei confiante seu pronunciamento sobre o meu trabalho.

Na carta-resposta ao tenente Rompal, eu aludi, entre outras coisas, ao seu temperamento, às boas disposições do seu espírito, à situação anormal que se desenrolava no momento em relação à sua vida particular e por fim, num excesso de detalhes, fiz referência ao seu amor às jóias e à inconveniência de um anel que ele deveria conduzir em certo dedo da mão direita.

Em agradecimento à atenção que eu havia dispensado à sua consulta, o tenente Rompal, um mês depois, passou-me extensa carta cheia do seu deslumbramento pelo, que chamava ele, meu maravilhoso processo de trabalho. Que coisa extraordinária era meu método. Tudo quanto dissera de sua pessoa fora de uma exatidão rigorosa.

Quanto ao anel inconveniente, estava em dificuldade de atender o meu alvitre, pois, em lugar de um, eram três os anéis usados por ele, justamente no dedo a que me havia referido!

A mão é um órgão passivo. Recebe os fluidos, a força nervosa que lhe transmite o cérebro e executa, humildemente, as determinações.

O estado moral de uma pessoa se reflete nos atos, no aspecto, nos gestos e em seus movimentos.

O tipo de letra difere, modifica-se de acordo com o momento emocional em que a escrita se produziu.

A letra que traçamos em um momento de expansão, de arrebatamento, de alegria, não terá a mesma característica da que fizermos em um instante de ódio ou de aflição.

Quem não distingue, pelo tipo de letra, uma carta feita às pressas, de uma outra confeccionada com madura reflexão?

As pessoas descuidadas não podem, de maneira nenhuma, fazer uma carta limpa. O hábito de esquecer as coisas há de traí-las de algum modo, seja na grafia das letras, privando-as de qualquer um dos seus ornamentos, do corte dos "tt!", dos pontos do "ii", etc., seja pela ausência de expressões de requisitos forçados a uma carta qualquer.

Do mesmo modo, uma pessoa cuidadosa e limpa não nos endereçará uma carta suja ou incompleta.

Um indivíduo raivoso, apressado, vivaz, se trai facilmente. Na sua escrita, várias letras aparecem voando e outras, além de incompletas ou defeituosas, são traçadas sem a necessária firmeza. Há um mundo de observações a se fazer nesse sentido.

Se o espírito de análise fosse um pouquinho comum na humanidade, se a grande maioria dos homens tivesse a felicidade de saber olhar, essas coisas não teriam nenhuma importância e as artes adivinhatórias, tais como a fisionomia e a Grafologia, seriam do domínio comum.

Se as coisas de um ambiente ficam impregnadas, como observou Balzac, das qualidades e da vida próprias da individualidade que o habita, com melhor razão se impregna a letra das qualidades e da vida do seu autor. A relação, nesse caso, é mais íntima, evidente.

A clareza com que a Fisionomia, a Frenologia e a Grafologia revelam o caráter, as qualidades predominantes e as tendências inferiores dos indivíduos, nos oferece um elemento seguro da procedência da relação que se afirma haver entre as linhas da mão e os nossos destinos.

Se por simples traço no rosto podemos determinar a lama pecaminosa que se oculta, às vezes, por trás de um par de olhos tentadores; se por um mero rasgo da boca se fixa a sensualidade, o temperamento ardente de uma mulher; se convenientemente observado o queixo nos indica o caráter severo, a natureza áspera e a vontade prepotente de determinado indivíduo; se podemos ainda, pela constatação de um "t" cortado, avaliar a força de iniciativa ou a irresolução de alguém, de melhor modo e com maior vantagem chegaremos a idênticos resultados pelo exame das linhas de mão, sabendo-se que elas fixam, durante a vida inteira, as impressões que, de outro modo, duram apenas um instante.

Quironomonia

*"A mão é um resumo do homem, assim como
o homem é um resumo do Universo."*
(Marquesa de Circê)

A mão, como os indivíduos, tem uma feição própria que a caracteriza e distingue. O estudo dessa feição, o conhecimento desse aspecto é o objeto da Quironomonia.

Antes de abordarmos a Quiromancia propriamente dita, é de toda conveniência travarmos relações com a ciência da fisionomia da mão, processo aconselhado não somente pelo espírito do método que se deve observar no estudo das ciências ocultas, a partir do geral para o particular, como também porque, na interpretação das linhas e dos signos, aquele que já possuir conhecimentos quironomônicos terá a sua tarefa simplificada.

O aspecto da mão é o aspecto do próprio indivíduo.

Na grande variedade de tipos, na fecundidade imensa que se observa na natureza em relação ao feitio das mãos, encontramos exemplares de todas as formas: mãos sadias como um raio de sol, alegres como um sorriso de criança, secas e duras como um osso descarnado ou moles e asquerosas como um réptil.

Há mãos esplêndidas na justa medida de suas linhas, todas harmonicamente proporcionais. Essas são as mãos inspiradas.

Seus portadores são os eleitos da arte, aqueles cujo espírito paira alto, nas regiões do mito e da fantasia, embalado no entremeio de um sonho e de uma ilusão.

A mão dos verdadeiros artistas é voluptuosa e meiga como um beijo, flexível e ágil como uma asa e revela, por intermédio das linhas, suas faculdades superiores.

Reparemos nos dedos de uma poetisa. Quando o braço se ergue no ritmo da declamação, as falanges tomam um movimento ondulatório que as desmaterializa à nossa vista e, na fluidez dos seus contornos sublimes, a gente vive o instante ideal da arte que as faz divinas.

Mas, dessas regiões sonhadoras do ideal, o espírito desce à materialidade das coisas.

Aqui, no terreno das atividades, são outras as qualidades e os predicados que os indivíduos devem ter e a mão, como imagem do homem, sofre essa influência; a necessidade dessas modificações.

A mão do comerciante, apesar de fina e harmônica, há de ser bastante larga e forte em sua contextura.

A mão do administrador, além de ossuda, sem ser descarnada, tem os dedos espatulados e às vezes nodosos. Na rigidez das linhas descobriremos as qualidades de ordem e de mando, indispensáveis a quem tem de dirigir vontades múltiplas e não semelhantes.

Os militares, os que nasceram para o exercício das armas, têm nas mãos essas mesmas características acrescidas de outros signos reveladores de suas tendências especiais e intuições.

A mão primitiva, essa de que são portadoras as pessoas de baixos instintos, vizinhas da animalidade, tem na sua conformação os traços duros das tendências más, as linhas sem harmonia das paixões, os signos e a falta de proporção dos sentimentos e das qualidades negativas, sem freios, dos apetites incontidos e dos arremessos violentos.

"Mão Seca"

A mão primitiva ou elementar é mais vulgar no homem, por isso que é extraordinária a ascendência do mal sobre o bem.

Seria impossível separar e descrever cada um dos tipos de mãos existentes. A série é imensa.

A Quiromancia, porém, conseguiu reunir em quatro grandes grupos esses tipos e os classificou pela ordem de seu feitio relacionado ao ponto de vista moral. Esses grupos são: mãos elementares, mãos mistas, mãos duras e mãos moles.

É muito fácil distinguir-se na mão mole, mão de que são portadoras, em geral, as pessoas voluptuosas em excesso, os preguiçosos, os indivíduos de baixo caráter e os ladrões elegantes, os viciados e jogadores, esses, cuja inteligência não exercem, senão, no terreno do crime e da mistificação.

As mãos duras denotam energia, violência e são um sinal, quase sempre, de brutalidade. Indicam também um trabalho ativo, labor constante e, se tem a servir-lhes uns dedos espatulados, exprimem excesso de atividade, qualidade de mando e de administração, disposição inata para todo e qualquer esforço físico, mesmo o mais fatigante.

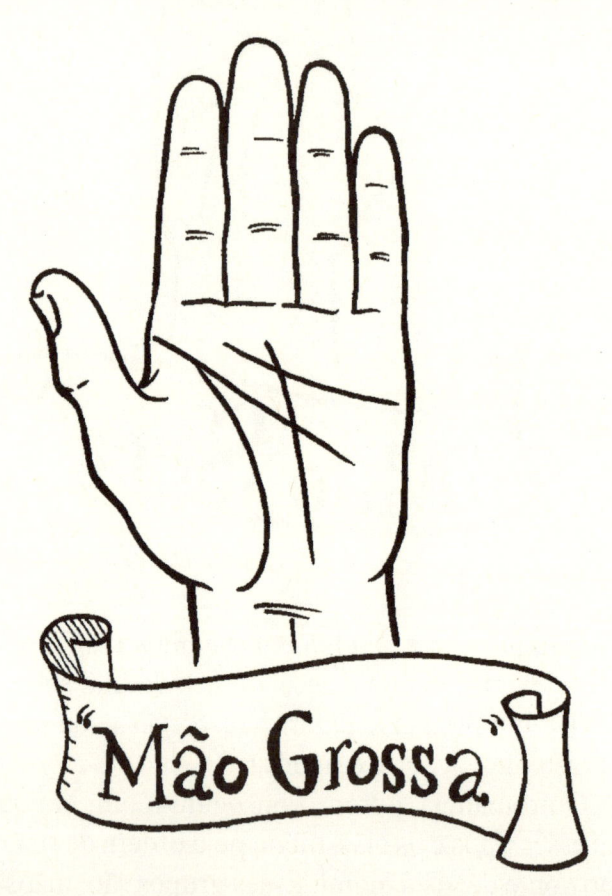

"Mão Grossa"

Os indivíduos de mãos excessivamente duras, em geral, são dotados de pouca inteligência, sobrando-lhes, porém, o sentido da realidade. São pessoas secas, descrentes e negativas. O pessimismo de que se saturam lhes rouba da personalidade todas as belas qualidades do espírito e do coração.

As mãos elementares, como já se disse, são um sinal de vizinhança à animalidade e delas são portadoras as pessoas nas quais, sobre a inteligência, bom senso e raciocínio, se exerce, despoticamente, o mundo dos instintos e dos sentimentos sem controle. Uma mão dessa natureza define nitidamente o caráter da pessoa.

Na mão elementar o polegar é de pequena extensão e dos dedos restantes, além de curtos, se firmam em uma base desproporcional e grosseira.

A maioria dos homens abriga, ao lado dos sentimentos maus, alguma qualidade boa. Por isso a mão mista é tão generalizada. Esse tipo de mão chama-se também fusão ou caldeamento.

A natureza realiza nesse grupo de mãos um laborioso trabalho de refinamento das aptidões, dos predicados, apurando, ao longo da existência de cada um, as belas disposições que o espírito possa trazer ao baixar à matéria.

As revelam mãos mistas espíritos em progresso, almas que se exercitam no desenvolvimento e no aprimoramento de qualidades superiores. Buscam pelo próprio esforço um ponto alto na vida, um alvo, um ideal que as oriente e sustenta.

"Mão Curta"

As mãos mistas denotam pessoas de faculdades diversas, de fácil adaptação a diferentes gêneros de vida, as que facilmente se ajustam a essa ou aquela profissão.

Se o uso pejorativo do termo não lhes houvesse roubado a verdadeira acepção, eu diria: as mãos mistas pertencem aos medíocres.

Com as noções de Quiromancia será fácil a qualquer pessoa a determinação das qualidades substanciais daquele cuja mão lhe for dada observar, pois, pelo aspecto geral da mesma, são dados os valores relativos das linhas e dos signos que sobre ela incidirem.

Os signos, como veremos adiante, atenuam ou exageram o significado da mão e a sua interpretação mais acertada depende do cuidado que se tiver relativamente ao aspecto quironomônico da mão que se examina.

Em linhas espaçadas, fortes ou não, a natureza traça, nas mãos das suas criaturas, o rumo dos seus destinos como uma advertência salutar e oportuna, esclarecendo-as acerca do passado e do presente, com o que se habilitam a uma melhor orientação em relação ao porvir.

Estudo Quironomônico dos Dedos

"Na ausência de outras provas, o polegar me convenceria da existência de Deus."
(Newton)

O Polegar

É de grande importância para a Quiromancia o estudo apurado dos dedos e das formas que os revestem.

O polegar, o mais significativo de todos, merece uma atenção muito especial. É grande o seu valor indicativo.

Um sábio a quem se questionou do valor do polegar teve esta esplêndida definição: "O homem está no polegar".

Realmente, em se observando esse elemento da mão se vê nitidamente descrita, no seu todo, a soma de todas as qualidades morais, intelectuais e físicas de que possamos ser dotados.

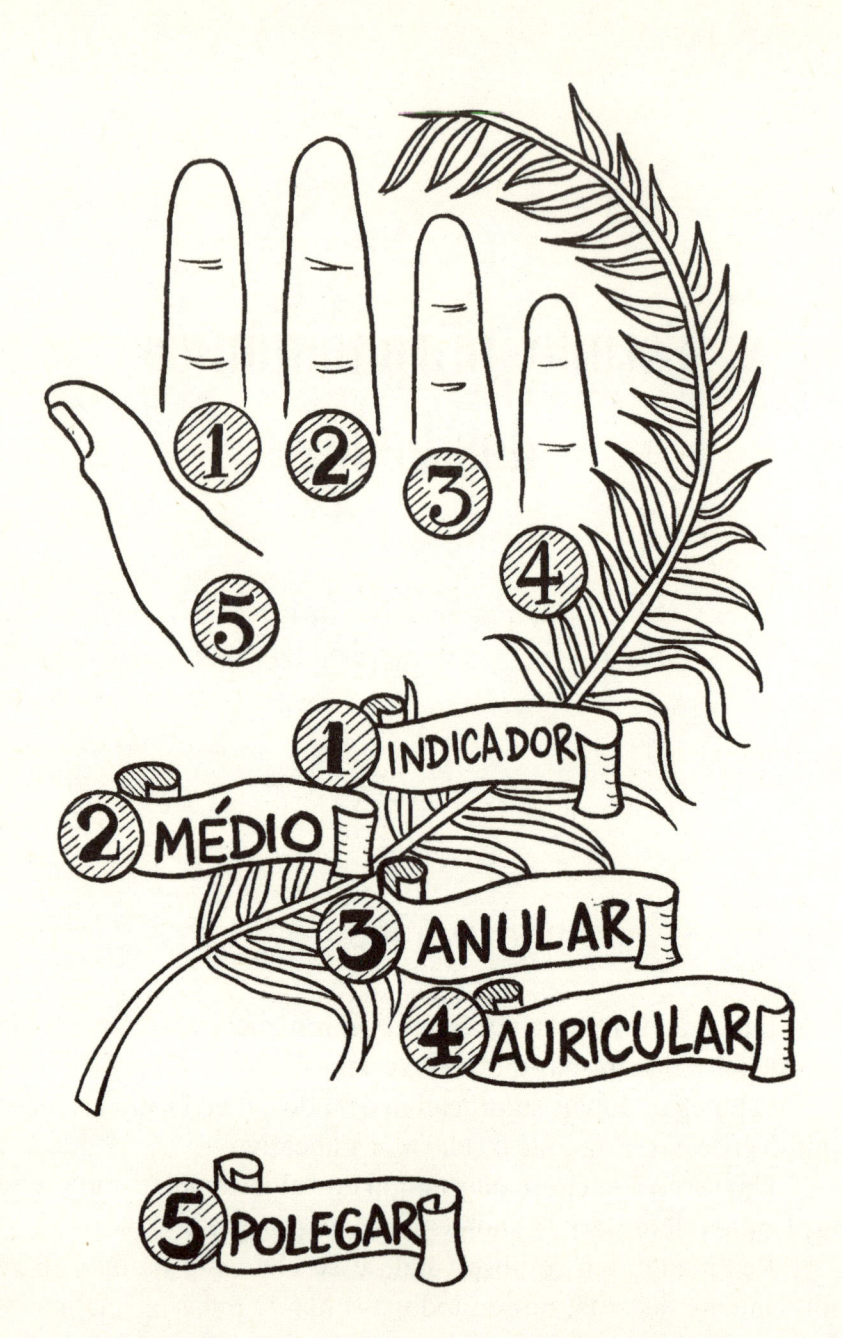

1 INDICADOR
2 MÉDIO
3 ANULAR
4 AURICULAR
5 POLEGAR

Nas pessoas amorosas, o polegar é expressivo pela ductibilidade de suas linhas. Alguém o chamou de órgão da vontade e há quem o classifique como sendo o orientador da vida.

O polegar representa para as pessoas amorosas o termômetro de seu temperamento.

Como os outros dedos, o polegar tem três falanges, a inferior ou o mundo material, ocupada pelo Monte de Vênus, a média ou o mundo intelectual, representado pela lógica, e a superior ou o mundo divino, expresso pela vontade.

Resume o polegar, como vemos, a sensualidade, a vontade e a razão. Nesta trindade realmente está o homem.

Quando num polegar de conformação regular, a falange superior excede a média em dimensão, pode-se dizer que o portador de tal polegar é possuído de uma vontade forte, excessiva em relação à sua lógica e às suas faculdades de raciocínio.

Quando a falange inferior se desenvolve com prejuízo das demais e não havendo na mão signos que alterem a significação desse fato, diz-se que a pessoa é dominada pelas paixões amorosas, sendo esses os sentimentos mais fortes da sua individualidade. As pessoas assim constituídas dispõem de grande potencial para dominar a manifestação de outras qualidades.

Devo repetir, para uma melhor compreensão, que a falange inferior do polegar representa o mundo material, as paixões, os sentidos do ponto de vista sexual. Essa falange está ocupada inteiramente pelo Monte de Vênus, ao qual me referirei no momento oportuno.

A segunda falange do polegar ou a média significa a lógica, o mundo da razão, o juízo e o raciocínio. Quando bem desenvolvida, nos dá julgamentos seguros.

Em muitas mãos, a segunda falange do polegar é curta e de pequeno volume, o que revela falta de lógica, incoerência, fraqueza, inconstância e passividade. O indivíduo se submete, sem qualquer reação, às sugestões do seu semelhante.

A falange superior é do domínio da vontade. Nessa parte do polegar estão os signos dos homens fortes, firmes, resolutos, sanguinários ou déspotas. Essa falange também dá guarida às indicações dos anêmicos morais, dos tímidos, pusilânimes e covardes.

De acordo com o desenvolvimento e volume, conformação e segurança dessa falange, teremos um Birmarck, um homem de vontade férrea, ou um São Pedro acovardado e tímido, pronto a negar a Jesus.

O polegar é o dedo de Vênus. Se, ao abrirmos a mão, ele se inclina para trás, notadamente na parte superior, teremos asseguradas as qualidades que caracterizam o esbanjador, as que identificam os indivíduos para os quais não tem preço a satisfação dos sentidos, dos gostos e dos desejos.

O Indicador

O indicador pertence ao domínio de Júpiter. É o dedo rei. Exprime as nossas tendências no ponto de vista social e religioso.

Os indivíduos são, ordinariamente, arrastados na vida pelas correntes emocionais do próprio Eu, por suas disposições inatas, pelas taras e causas determinantes do seu próprio destino. Há uma força oculta e superior que nos arrasta para situações e condições infalíveis.

Duas crianças nascidas em um mesmo meio, filhas dos mesmos pais, crescidas em um mesmo ambiente, educadas em um mesmo princípio e sob as vistas e cuidados dos mesmos professores, feitas homens, seguem rumos diferentes, escolhendo, cada uma, a profissão do seu agrado, o meio de vida para o qual se julgaram mais bem inclinadas.

Uma se faz missionário, apóstolo de uma religião. O caráter místico e seu bom coração lhes dão popularidade, o amor das pessoas amáveis, caridosas e boas. É um santo.

A outra, porém, servida de um caráter forte, de um temperamento rígido e de uma vontade firme ingressa na política, chega a posições de mando e é um déspota.

Quem nos explicará esses caprichos do destino?

A falange inferior do indicador assegura o êxito quando a linha que a separa do Monte de Júpiter não é profunda.

A média indica o poder de irradiação, a simpatia irresistível de que certas pessoas são dotadas, a atração individual e o poder de insinuação.

Nessa falange se acham os signos que nos revelam os grandes diplomatas, os políticos, aqueles que sobem às mais elevadas posições na vida pública pelo poder de sua própria influência, pelo seu extraordinário magnetismo pessoal.

Essa falange, bem desenvolvida e muito riscada, em sentido horizontal, garante o êxito nas atividades políticas e diplomáticas.

Das três falanges do indicador a superior é a mais interessante. Revela o espírito religioso, nos fala da crença simples desatada do misticismo que nos altera a razão.

Nas pessoas fanáticas ou excessivamente religiosas, a falange superior do indicador é longa e finda em ponta. Os médiuns e as pessoas sujeitas a fenômenos de natureza psíquica são portadores de uma falange assim.

Linhas atravessadas no exterior dessa falange indicam pouca ou nenhuma religiosidade e, até mesmo, repulsa às ideias e fatos da religião.

O Médio

O dedo de Saturno é o da fatalidade. Apontam-no também como o dedo dos filósofos e dos pensadores, visto que significa, quando favorável, o raciocínio e a reflexão. É o dedo da análise e da indagação. As suas falanges são expressivas.

A inferior representa o instinto de conservação. Indica o covarde ou o austero, conforme seja ou não sulcada de linhas de través. Cheia de pequenos traços, domina a fatalidade anunciada por outros signos.

A falange média é a sede das aptidões. Bem desenvolvida anuncia êxito nas profissões. É favorável quando despida de traços horizontais ou de qualquer signo.

A falange superior do médio, quando juncada de riscos transversais, significa ceticismo generalizado, estando a maior ou menor intensidade desse sentimento na razão direta da quantidade e da nitidez de tais riscos.

O Anular

O dedo do Sol significa a luz, as artes, a saúde, a vida, a alegria e a beleza das formas. Simboliza as tendências artísticas, os gostos estéticos, o refinamento do espírito, a sutileza das ideias, o gosto pelo ideal e o sentido elevado das aptidões.

A falange inferior está relacionada ao desejo de exteriorização do indivíduo. Aponta o êxito ou o insucesso nos empreendimentos referentes ao mundo de Apolo. As linhas horizontais são sempre más nessa falange do anular.

Na segunda falange do Apolo se encontram os signos que nos dão o sentimento da realidade. Para tanto, basta que essa falange exceda as outras em extensão e apresente a superfície lisa, despida de linhas ou de signos que lhe modifiquem o sentido.

As linhas verticais lhes dão as honrarias, mas pouco ou nenhum êxito material na vida. As verticais, quando bem traçadas, nítidas, perdem o caráter desfavorável que lhes é próprio e se transformam em elementos propícios ao sucesso das experiências.

O belo e o ideal estão na falange superior do dedo de Apolo.

Longa e fina anuncia concepção defeituosa e, em consequência, possibilidades de erro.

É favorável quando sua extensão e sua largura se ajustam em proporção e, de modo especial, se não houver linhas atravessadas.

O Auricular

Estamos nos domínios de Mercúrio.

O dedo mínimo ou auricular está sujeito às influências que reinam simultaneamente sobre os homens de negócio e sobre os ladrões. Representa a adaptação do indivíduo ao meio, às condições da sociedade em que vive, do mundo das relações de que é parte.

Não obstante a natureza da sua apresentação, o auricular também se refere às faculdades intelectuais, intuitivas e morais das pessoas sujeitas às necessidades do mundo exterior.

A falange inferior do mínimo diz respeito ao plano físico.

Às vezes, constatamos nessa falange várias linhas que, partindo de pontos diversos, procuram o centro tomando a forma de uma pirâmide. É bem interessante essa circunstância, pois significa a atração das influências más, os indivíduos inclinados ao vício e, especialmente, ao crime.

Mas, se pelo contrário, no exame dessa falange encontramos linhas retas no sentido vertical, poderemos assinalar a presença de um temperamento franco, de um espírito aberto, desses que não têm reservas na exposição de projetos e de planos de ação, em qualquer ramo das suas atividades.

As pessoas que têm facilidade de expressão e agilidade mental apresentam, de comum, nessa falange, três linhas em forma de M, dependendo da boa ou má conformação da letra, a extensão e a intensidade dos predicados referidos.

Na segunda falange do mínimo se acham claramente expostas as qualidades indispensáveis ao êxito na vida prática. Uma única horizontal, nessa falange, indica sucesso nos empreendimentos, o que não se dará se forem múltiplas as linhas em tal direção. Nesse caso teremos má sorte, em referência às ideias e projetos.

As pessoas portadoras desse sinal devem ter uma prevenção calculada, muita discrição, sob pena de sofrerem sempre a concorrência desleal daqueles a quem confiarem os projetos.

A inspiração está assinalada na falange superior do auricular. Extensa, essa falange exprime sentimentos egoístas em combinação com o Monte de Júpiter.

Longa e fina, bem-conformada e lisa, dá a intuição nos negócios e se constitui em uma espécie de voz interior que nos adverte sempre dos perigos postos em nosso caminho.

Quiromancia

"Há muita coisa entre o céu e a terra que a vã filosofia ignora."
(Shakespeare)

Os elementos de que se serve a Quiromancia para revelar destinos, expor o presente e levantar o passado de uma existência, pelo exame da mão, são os montes, as linhas, os signos e a grande variedade de pequenos traços, cujos valores, de acordo com a posição ocupada onde aparecem, possuem diversas significações.

Iniciemos o estudo desses elementos.

―⋙―

Os Montes

São em número de sete os montes existentes na mão: o de Vênus, na raiz do polegar, estendendo-se até a Linha da Vida; o de Júpiter, na base do indicador, limitado pela Vital, pela Natural e pelo extremo superior da Linha do Coração; o de Saturno, colocado entre a raiz do médio e a Mental; o Monte de Apolo, situado na extremidade inferior do anular; o de Mercúrio, abaixo do auricular; o de Marte, entre a Linha do Coração e a planície que tem o seu nome; e, finalmente, o da Lua, abrangendo toda extensão que vai do monte anterior, seu vizinho, às linhas do punho.

Nos montes se encontram, no sentido particular que lhes é próprio, todas as qualidades e tendências assinaladas no exame das falanges como uma confirmação, uma prova do que se julgou encontrar.

Um quiromante consciencioso não examina as indicações das linhas antes de inspecionar cuidadosamente os montes, sua conformação, pois na maioria dos casos, qualidades positivas, nitidamente afirmadas, se anulam pela presença de signos negativos em um lugar qualquer.

Monte de Vênus

Como indicamos, o Monte de Vênus ocupa toda a parte elevada da mão, entre a raiz do polegar, a Linha da Vida e as linhas do punho. É o mais importante e o que nos apresenta maior número de indicações.

O Monte de Vênus está em relação com a graça, com a beleza, com o amor e se refere, em especial, à vida física, à sexualidade e à procriação.

Excessivamente elevado, revela um temperamento ardente, uma vida sexual ativa. Se além dessa elevação excessiva, tiver o Monte uma verdadeira rede de linhas nítidas tomando a maior parte de sua extensão, estaremos em face de uma anormalidade. Todos os limites naturalmente traçados ao temperamento ardente serão ultrapassados, rasgando-se a via que nos leva à falta de regras, ao deboche, à libertinagem e à perversão sexual.

O amor ideal, orientado por um princípio superior pelo gosto das belas formas, da elegância e dos prazeres no seu justo termo, representa-se por um Monte de Vênus elevado sem excesso, simples nos contornos, sem traços ou signos modificadores de sua expressão natural.

Quando o Monte de Vênus não nos é favorável, isto é, quando ele se apresenta baixo, seco, de aspecto duro, revela frieza e impotência para as funções genéticas, seja por atrofia dos órgãos geradores, seja por uma causa qualquer, fisiopsíquica, mas de natureza congênita.

O Monte de Vênus, quando se apresenta regular, bem formado, unido e mais ou menos isento de signos, revela uma constituição forte, vida saudável e longa, predisposição para o casamento, para a vida em comum e dá ao seu portador a alegria de viver.

Linhas verticais nesse monte revelam heranças possíveis.

Monte de Júpiter

Júpiter é a alegria, a glória, o domínio; é a ostentação, o fausto, o amor próprio em um sentido real e elevado.

Os desejos de mando e de realização, de soberania e de triunfo, estão indicados quando o Monte de Júpiter se apresenta favorável (elevado) sem traços ou signos contrários.

As pessoas religiosas têm de comum no Monte de Júpiter pequenos círculos aproximados da Linha da Vida. O misticismo, o amor pelas coisas da natureza, os acontecimentos venturosos e as uniões abençoadas, estão representados nesse monte.

Desfavorável (sem elevação) o Monte de Júpiter anuncia uma vida medíocre, sem qualquer importância e ausência de personalidade.

Monte de Saturno

Saturno é o domínio da fatalidade, da boa ou da má fortuna, da sorte favorável ou adversa.

As pessoas amparadas por Saturno são discretas e sábias.

Como veremos na parte descritiva dos signos, é no Monte de Saturno que se registram os fatos referentes à vida física e moral, os acontecimentos fundamentais da existência.

Demasiadamente elevado, esse monte indica tristeza congênita e neurastenia natural. As propensões para o suicídio se indicam por um Monte de Saturno elevado.

Monte de Apolo

Apolo ou o Sol está relacionado às disposições inatas do espírito para o belo em todas as suas manifestações.

Os sentimentos estéticos, o amor às formas perfeitas, o gosto pelas coisas artísticas, a clareza das ideias, a inteligência e o julgamento isento de paixões se assinalam nesse monte.

Apolo favorável garante celebridade e glória, devendo ser sobriamente constituído.

O excesso do monte preconiza loucura, o delírio das grandezas, a derrocada e os infortúnios.

As mãos dos artistas natos se indicam com a necessária clareza e exprimem as épocas de esplendor, de relevância, os períodos áureos da vida, o máximo fulgor de uma carreira coberta de glórias.

A ausência do Monte de Apolo marca inteligência medíocre, vida sem relevo, despida de aspirações ou ideal. Para as pessoas assim desprovidas do amparo de Apolo, a existência se extingue sem o consolador alento de uma esperança.

Monte de Mercúrio

A Quiromancia conservou Mercúrio na posse dos mesmos domínios sobre os que Deus estendia os raios do seu poder na Mitologia Romana.

No seu monte estão marcadas a agudez e a sutileza do espírito, necessárias ao êxito dos negócios.

As qualidades morais tomam uma feição negativa quando o monte se apresenta elevado. Mercúrio desfavorável direciona para uma vida sem qualquer importância.

Quando se procura levantar os traços fundamentais do caráter de uma pessoa, o Monte de Mercúrio oferece as mais preciosas indicações.

A moral, por sua natureza elevada e complexa, é compreendida pelos indivíduos sob prismas diversos, decorrendo dessa circunstância a existência da infinita variedade de pessoas morais e amorais, observada por nós no cenário da vida. O sentimento da moral resulta, por isso, tão variado como diversificado é o caráter dos homens, o que se explica de resto pela relação de causa e efeito, pois o feitio moral de uma pessoa nada mais é do que a resultante do seu modo de conceber e de ver as coisas do mundo exterior.

Monte de Marte

Violência, lutas e brutalidade, eis o domínio de Marte.

O deus da guerra inspira o sentimento da peleja, provoca paixões intensas e dá aos indivíduos o gosto pelas soluções violentas, pelas disputas em que a força seja o elemento essencial da vitória.

Marte é o símbolo da resistência moral e física, da coragem e domínio próprio.

Com um desenvolvimento regular, o Monte de Marte garante presença de espírito, sangue frio, controle dos nervos e uma natureza pouco impressionável.

O monte muito elevado marca a prepotência, o despotismo e a tirania. Por outro lado, sua ausência assinala os covardes, os tímidos, os fracos de toda natureza, os indecisos e incapazes para tudo o que exige, de algum modo, o emprego da força.

A influência do Monte de Marte se estende a uma larga parte da mão, compreendendo a Linha da Cabeça, o triângulo, o quadrângulo e a planície que tem o seu nome.

Tratarei oportunamente dessa influência.

Monte da Lua

Império do sonho e da poesia!

Os primeiros observadores do céu, diz um renomado astrônomo francês, associaram a Lua aos seus devaneios e às suas aspirações poéticas. A Quiromancia não lhe deu outras atribuições.

No Monte da Lua se acha traçada toda a vida sentimental, contemplativa e imaginária das pessoas, de acordo com a sua maior ou menor proeminência.

Nessa parte da mão poderemos determinar uma existência cheia de belas aspirações, de ideias, de sonhos ou uma vida cavada, seca, sem beleza, pobre de espírito e de sentido, desnuda, estéril, melancólica, egoísta e má.

Ao examinar o Monte da Lua, o observador não deve perder a noção do justo termo. O seu excesso, como nos casos precedentes, exagera as boas qualidades, dando-lhes significação diferente.

Regularmente desenvolvido, o Monte da Lua nos assegura uma imaginação opulenta e firme. Elevado em excesso, transforma essa abundância em imaginação ardente, caprichosa e, consequentemente, sujeita a erros e a propósitos injustos.

Com um desenvolvimento inferior, sem traços e sem proporcionalidade, o Monte da Lua, em lugar das qualidades apreciáveis que lhe atribui, significará ausência de ideias, imaginação sem recursos, um positivismo fraco que murcham todas as belas florações da alma.

   Os signos nos revelarão toda a importância de que se reveste o exame desse monte.

As Linhas

"O desejo realiza-se na ideia."
(Van Helmont)

Diferentemente de alguns escritores, relacionarei nesta parte do meu trabalho seis linhas apenas: a da Vida ou Vital, a da Cabeça ou Natural, a do Coração ou Mental, a de Saturno, chamada de Fatalidade ou do Destino, a Hepática ou da Intuição e a de Apolo ou da Fortuna.

Não considero o Anel de Vênus e as linhas do punho, elementos de igual categoria.

Linha da Vida

A Linha da Vida começa com a da Cabeça, no alto da mão, entre o polegar e o indicador e desce contornando o Monte de Vênus, até o punho. É esta a sua posição normal.

Esta linha raramente falta numa mão e a sua ausência, coisa singular como vemos, anuncia uma anormalidade extraordinariamente grave.

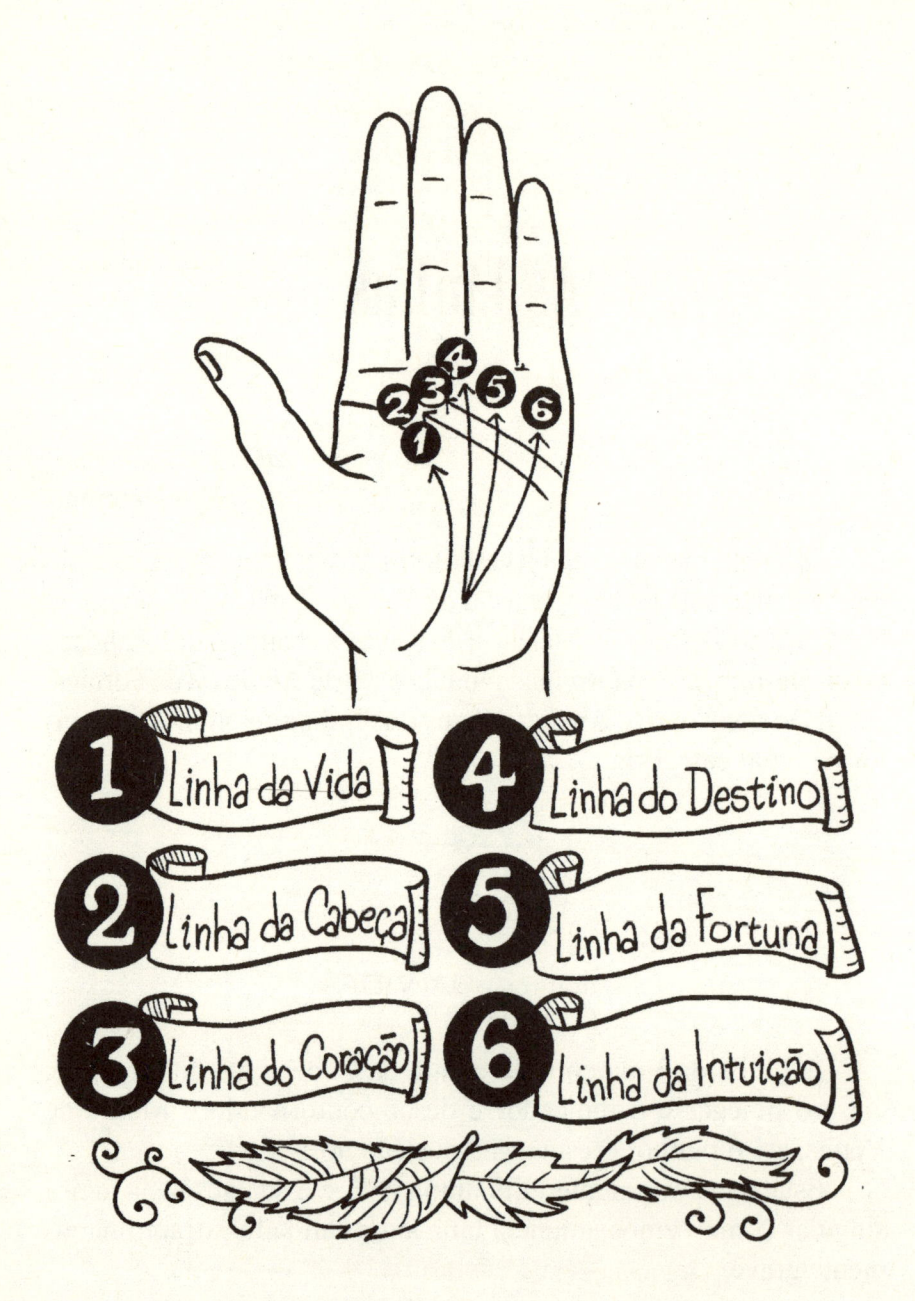

① Linha da Vida
② Linha da Cabeça
③ Linha do Coração
④ Linha do Destino
⑤ Linha da Fortuna
⑥ Linha da Intuição

A Vital deve ser traçada com firmeza, ter um colorido forte, uma boa disposição e nitidez acentuada para nos indicar uma vida longa, um caráter superior, uma mentalidade sadia.

Fraca, pálida e tortuosa, além de revelar uma constituição física doentia, sujeita a acidentes orgânicos, anuncia também uma vida moral inferior, uma individualidade sem qualquer predicado digno de menção.

A tradição relaciona o comprimento da Linha da Vida à duração da existência. Linha da Vida curta, vida curta, diz um adágio antigo.

As investigações feitas modernamente neste setor da Quiromancia inclinam-se para uma interpretação diferente. Por essas investigações a Vital indica a idade do caráter e não a duração da vida.

Na minha opinião, os investigadores que chegaram a essa conclusão não justificaram plenamente o alegado, pois se em alguns casos constataram a morte de pessoas jovens portadoras de uma Vital extensa, ninguém nos pode garantir que nas mãos de tais pessoas não houvesse qualquer sinal negativo, modificando o sentido expresso pela mencionada linha.

Além do mais, perdem esses investigadores o princípio das exceções e, em substituição ao método que condenam, nos oferecem um outro que não nos dá nenhuma segurança de sua procedência e que, na prática, falha lamentavelmente pela precariedade dos resultados a que por seu intermédio se deseja e se espera chegar.

Até melhores e mais positivos resultados dos estudos feitos neste particular, eu fico com a tradição, satisfeito com a elevada porcentagem que me tem dado a aplicação do seu princípio quanto à duração da vida.

Muitas vezes encontramos pessoas sedentárias portadoras de uma Vital sem apreciável extensão, não correspondendo o comprimento da linha ao tempo já vivido.

Como se poderia explicar o contraste?

Um exame apurado esclarecerá a questão, verificando-se, não obstante, a brusca interrupção da Linha da Vida, as linhas do punho são unidas e fortes, o que denuncia a longevidade constatada na vida de tais pessoas.

Uma ruptura violenta da Vital exprime acidente grave e morte por acidente se a ruptura se der em ambas as mãos.

As pessoas destinadas a morrer jovens têm a Linha da Vida fraca, traçada sem segurança, pobre de colorido, curta ou seccionada. As linhas do punho devem confirmar o prognóstico.

Uma Vital profunda e de cor acentuadamente forte anuncia um temperamento impetuoso, arrebatado, melhor ainda se as outras linhas tiverem essas mesmas características.

Conclui-se do exposto que a Linha da Vida está relacionada à saúde física e moral. É bela, forte, nítida e larga, extensa e bem traçada nas pessoas sadias de corpo e de espírito. Será fraca, anêmica e tortuosa nos indivíduos enfermos do físico e da mente.

Quando a sua fisionomia se exagera, exageradas são, em consequência, as suas significações. As belas qualidades físicas e morais se anulam, cedendo lugar aos baixos instintos, à animalidade.

Linha da Cabeça

A vontade e a inteligência são do domínio da Linha Natural.

Irmã da Linha da Vida, pois nasce com ela no alto da mão, no termo médio entre o indicador e o polegar, a Linha da Cabeça, na sua posição natural, deve descer diretamente ao Monte de Marte e não atravessá-lo.

Nessas condições, bem traçada e forte, todas as suas indicações são boas, salvo se algum sinal vier a contrariá-las.

Reveste-se a Linha Natural de magna importância quando se procura determinar a formação moral e intelectual de alguém, pois ela nos indica com segurança o poder de resistência e de resignação e afirma o potencial da mentalidade, o índice da inteligência, sua capacidade assimiladora.

Marte governa a Linha da Cabeça.

Longa e reta, findando normalmente na planície ou nas fronteiras do monte sob cujas influências vive, a Linha Natural garante o apuro das ideias, um sentimento pronunciado de justiça, uma noção perfeita de equidade, inteligência viva e espírito lúcido.

Há casos em que a Linha da Cabeça avança sobre o Monte de Marte, chegando mesmo a atravessá-lo à procura da percussão da mão.

Em tais condições, todas suas boas indicações se desnaturam por completo, o equilíbrio mental se rompe e os predicados antes anunciados se modificam ou se transformam em defeitos ou vícios perigosos. A paixão toma o lugar do discernimento e age, cega e violenta, movida pela força do seu próprio interesse, impulsionada por um egoísmo feroz. A dois passos estão o despotismo e a tirania.

Larga, forte e segura no seu curso, a Linha da Cabeça nos dá uma inteligência lúcida, sadia e desenvolvida, um espírito equilibrado, seguro de si mesmo, um caráter reto e um sentimento moral elevado, servido por um forte desejo de realizá-lo.

Uma Linha Natural sem cor, porém, sem expressão, estreita e vacilante, indica pobreza de espírito, vazio de ideias, caráter frágil e uma vida moral sem relevo e sem fundamento.

Nas pessoas de boa memória, a Linha da Cabeça se alonga e transpõe a Saturnina e a Hepática, embora não seja firme a sua direção.

Às vezes a Linha da Cabeça, em lugar de descer sobre o Monte de Marte, se inclina um pouco para o da Lua, como que atraída pelas influências poderosas dos fluidos que circulam nessa parte da mão.

Observamos essa inclinação nas pessoas sonhadoras, fantasiosas, dessas que vivem um mundo irreal, de devaneios, de ideias sem base, de imaginação e de utopia.

Quanto maior for a inclinação, maior será a influência exercida pelo Monte da Lua sobre a Linha Natural e, em consequência, a vontade e a inteligência, assim dominadas, ainda mais se afundaram na ilusão e na fantasia.

Uma Linha da Cabeça curta significa espírito rude e inteligência acanhada. Faltam à mente todos os elementos necessários à sua evolução.

A ausência da Linha Natural determina uma existência instintiva e uma vida obscura.

A inteligência e a razão são atributos do espírito na posse de uma sólida organização mental.

Quando a Linha da Cabeça termina em forca sobre o Monte de Marte, nos dá argúcia e sutilezas, meios de ataque e de defesa. Muito pronunciada, a formação da forca indica astúcia e velhacaria. Os hipócritas e os mentirosos hábeis apresentam necessariamente esse sinal.

Linha do Coração

A Linha do Coração, também chamada Mental, dirige-se para Júpiter e é por ele governada. Está ligada à vida afetiva, aos sentimentos e indica também as moléstias causadas pela debilidade ou pelo mau funcionamento do órgão regulador da vida.

Essa linha começa na percussão da mão, sob o Monte de Mercúrio, e termina seu curso abaixo ou sobre o Monte de Júpiter.

Favorável em todo o trajeto, ela nos oferece um coração bem formado, espírito de sacrifício, o amor na sua verdadeira significação e sentimentos de fraternidade e de compaixão.

A questão sexual, para as pessoas dotadas de uma Linha do Coração assim constituída, se resume na simples satisfação de uma necessidade orgânica, perdendo todos os atrativos e as sinuosidades que a imaginação doentia do voluptuoso lhe empresta, com o que lhe dá um poder maior de sedução para aumentar também o prazer e o desejo de alcançá-la e resolvê-la.

A Linha Mental é tanto mais promissora quanto maior é a sua aproximação do Monte de Júpiter.

Se no extremo superior houver ramos na direção de Júpiter, teremos assegurado um grande sentimento altruístico, o desejo de ações nobres.

O predomínio do amor sentimental se manifesta em uma Linha Mental bem desenvolvida na parte superior. Se esse desenvolvimento se dá do lado oposto, o domínio, nesse caso, será do amor sexual representado pela pura satisfação dos sentidos.

As linhas têm, geralmente, boa significação quando se apresentam normais, bem impressas, coloridas e seguras no seu curso.

Assim, quando a Linha do Coração se excede, chegando ao Monte de Júpiter ou atravessando-o, provoca uma alarmante anormalidade, indicando desequilíbrio de sentimentos e de afetos, por exagero. Os portadores de uma linha assim expressa estão sujeitos a paixões desordenadas, a atitudes inconsequentes, a atos que agridem de todo o senso moral.

Se além desse exagero a linha é malformada, tortuosa e fraca, as paixões serão intermitentes. Mas se apresentar um colorido forte e sulco profundo, a pessoa que a tiver estará sob o domínio de arrebatamentos que poderão levá-la ao crime.

A falta da Linha do Coração implica a existência de sentimentos egoístas. O pessimismo se desenvolve e mata as manifestações de afeto.

Os potentados, os déspotas, cujos atos de requintada crueldade marcam os fatos em relevo de sua vida, carecem ordinariamente da Linha do Coração. Neles, o domínio absoluto é dos instintos.

A Linha Mental não deve se unir à da Cabeça e à Vital. Essa junção pressagia funestos acontecimentos de ordem sentimental, um casamento, por exemplo, infeliz, sofrimentos e desgostos profundos.

Linha do Destino

A Saturnina ou a Linha da Fatalidade, ou ainda a Linha do Destino, parte de três pontos distintos: Linha da Vida, Monte da Lua e Planície de Marte. A sua significação geral depende, assim, do seu ponto de partida.

Seja, porém, qual for o local do seu nascimento, ela se desenvolve e atravessa toda a mão, no sentido horizontal, à procura do Monte de Saturno onde tem fim.

Na Linha da Fatalidade estão marcados os acontecimentos principais da vida, a felicidade e o infortúnio, os êxitos e os insucessos, os empreendimentos coroados pelo triunfo e as empresas assinaladas por fracasso tremendo.

A felicidade, todos nós sabemos, é uma coisa variável e que se ajusta às aspirações elevadas ou não de cada um.

É preciso, no exame da Saturnina, não se limitar às interpretações ligeiras, determinadas pelo aspecto geral da linha ou pelas indicações dos signos nela existentes.

Não se deve esquecer, no caso, a significação das outras linhas, o tipo geral da mão que se examina, as qualidades e os sentimentos anunciados por outros elementos de estudo, pois é bem possível determinar-se o desenrolar de fatos num cenário impróprio e para os quais faltaria, em absoluto, o necessário ambiente.

A Saturnina anuncia êxito pelos próprios merecimentos quando parte da Linha da Vida e indica felicidade caprichosa, mas de pouca duração, quando se dá no Monte da Lua seu nascimento.

Poderemos encontrar, como já disse, o berço da Saturnina, na Planície de Marte, o que indica lutas, contrariedades e obstáculos. O indivíduo terá toda a vida atravancada de obstáculos sem conta. As coisas mais simples não serão alcançadas sem perseverança e esforço mortificante.

Em geral, a Linha da Fatalidade é boa quando se apresenta forte sem exagero, harmônica e reta, sem dificuldades no seu curso.

É má, anuncia uma vida estéril, difícil, cheia de sofrimentos ou uma existência apagada, quando além de tortuosa não tem a nitidez necessária e sofre no seu desenvolvimento golpes de linhas contrárias ou a influência perturbadora de algum sinal.

Para certas pessoas a Linha de Saturno é simplesmente benéfica, pois além das felicidades anunciadas, ela chega até a articulação do dedo médio, clara e forte, o que assegura abundância nos bens oferecidos, acontecendo o mesmo se a linha subir o Monte de Saturno em forma de espiga.

Os caprichos de amor favoráveis são anunciados quando a Linha do Destino se projeta e pára sobre a Linha do Coração. A fusão dessas duas linhas significa um casamento feliz.

A Saturnina não deve ir além das linhas do punho, afim de que não se rompa o equilíbrio dos fluidos de que ela é condutora, determinando perturbações perigosíssimas.

As mãos elementares, de ordinário, carecem de uma Linha do Destino.

Às vezes, no seu curso pela Planície de Marte, a Linha da Fatalidade se faz acompanhar de uma segunda linha. Nesses casos ela é fraca e tortuosa. Assinala costumes corrompidos.

Quando a Saturnina sofre um desvio na sua direção natural e busca os montes de Júpiter, Apolo ou Mercúrio, toma a significação própria desses montes.

As vidas que se desenrolam com intermitências de fases boas e más estão patenteadas na Saturnina por pequeninos traços que a cortam a cada instante, no limite que vai da parte superior do Monte da Lua à Linha do Coração.

Linha da Intuição

A Linha Hepática ou da Intuição é de segunda ordem e nem sempre aparece. Sua função é complementar.

A Linha da Intuição começa no punho e segue seu curso na direção do Monte de Mercúrio onde morre.

Simboliza, de modo geral, a saúde e a honra. Fala do corpo e do espírito, dando-nos as condições do organismo e dos defeitos morais, comprovando as revelações da Linha da Cabeça e da Linha da Vida.

A maior importância da Hepática está, justamente, nessa função comprovadora.

Diferentemente das outras linhas, a Hepática é variável na sua localização e ponto de partida. Essa instabilidade influi muito no valor de suas indicações.

Próxima da Linha da Vida nos anuncia a Hepática fraqueza do tórax, do lado esquerdo.

Forte no traçado e na cor, ela dá uma saúde vigorosa e comprova o que, neste sentido, houver anunciado a Linha da Vida.

Uma existência difícil com saúde delicada se assinala por uma Linha da Intuição fraca e pálida. Se for sinuosa haverá perigo de moléstia grave.

A Hepática faz, na sua trajetória pela Planície de Marte, revelações preciosas. A essas revelações farei referência na parte destinada à descrição dos signos.

A Linha Hepática é relacionada também às moléstias do fígado, dos pulmões, dos intestinos e do sangue, elementos esses, segundo a Astrologia, governados por Saturno.

Linha da Fortuna

O domínio de Apolo é o das belas artes, dos motivos estéticos, da luz, da cor, da harmonia e também da fortuna, da glória e da celebridade.

Apolo premia os que vencem pelo mérito próprio e pelo próprio esforço.

Essa linha parte da Linha da Vida ou do Monte da Lua e se dirige para o anular onde finda.

Favorável, ela promete glórias e honrarias, um nome respeitado e célebre. Em posição contrária, porém, ela é o símbolo dos tormentos, dos talentos fracassados nos seus empreendimentos, das aspirações nobres estranguladas por uma adversidade brutal.

A Linha de Apolo é pouco comum, o que nos explica a singularidade das verdadeiras vocações artísticas.

Há pessoas que, mesmo não cultivando nenhuma arte, apresentam uma Linha de Apolo favorável. Nessas pessoas, porém, não poderá faltar o sentimento estético, o gosto do belo e o amor pelas coisas do espírito. São os animadores das artes, os apaixonados pelas coisas ideais. Amparam e ajudam todos os empreendimentos artísticos. Os nomes dessas pessoas aparecem sempre à frente de todas as iniciativas e, quando dispõem de fortuna, não se fecham aos encargos que lhes ditam os impulsos de seu temperamento.

Os Signos

"A alma é já uma forma que organiza o corpo."
(Edmond Spencer)

Os signos constituem a parte mais importante da Quiromancia e é meu desejo dar, a esta exposição dos seus valores o maior e o mais cuidadoso desenvolvimento possível.

Sempre me insurgi contra o processo adotado em tratados da natureza destes, no que diz respeito à descrição dos signos e dos seus valores.

Em geral, nesses tratados, os signos são apresentados juntamente com outras matérias, não obstante o capital interesse e extraordinária importância que lhes são próprias, como elementos modificadores das revelações encontradas nos montes e nas linhas da mão.

Para melhor clareza e boa compreensão, sempre julguei que se devia reservar um capítulo especial para os signos, pois de outro modo não seria possível lhes dar o merecido destaque que a própria Quiromancia lhes confere.

A ninguém poderá ocorrer a ideia de manusear um tratado de Quiromancia por mera recreação literária, sem qualquer desejo de aprender alguma coisa sobre as revelações misteriosas da mão, por interesse ou por curiosidade.

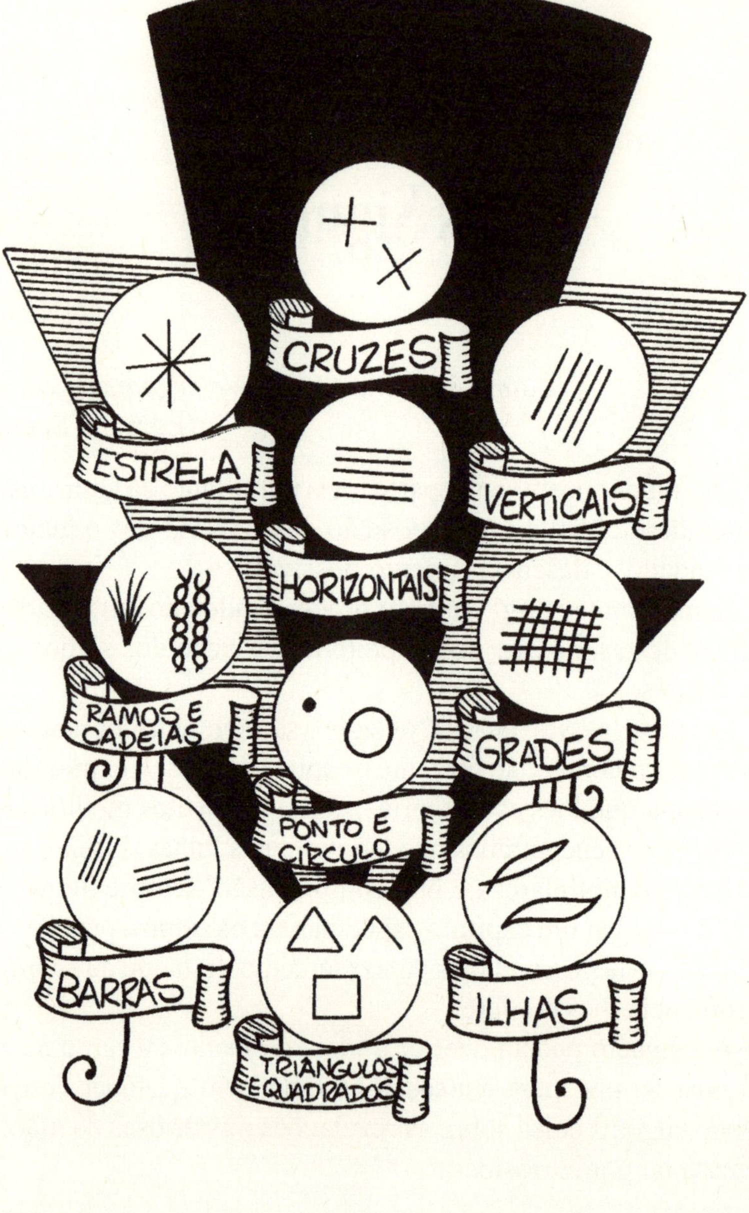
CRUZES
ESTRELA
VERTICAIS
HORIZONTAIS
RAMOS E CADEIAS
GRADES
PONTO E CÍRCULO
BARRAS
ILHAS
TRIÂNGULOS E QUADRADOS

Ora, o processo a que me refiro peca por falta de método e de clareza na apresentação da matéria, o que dificulta, enormemente, a boa apreensão, a aprendizagem de quem estuda para saber.

Muito embora pareça redundante fazer, na descrição dos signos, referências constantes aos elementos quirománticos já expostos, esse processo é o mais aconselhável porque, além de nos obrigar a uma ordenação metódica da matéria, ainda tem o mérito de apresentar os diferentes valores chamados à cena, no momento oportuno, com o que se evita uma possível confusão na inteligência do assunto. A ordem e o método são elementos essenciais a qualquer estudo.

Sei, por experiência própria, das dificuldades oriundas da falta dessa ordem e desse método nos tratados de Quiromancia existentes entre nós e foi justamente pelos obstáculos que encontrei ao iniciar os meus estudos nesse ramo das ciências ocultas que resolvi escrever este livro.

É meu intento apresentar aos estudantes de Quiromancia um tratado elementar em que o ensino seja gradativamente ministrado, com ordem e com método evitando-se, tanto quanto possível, esse inconveniente apontado.

Na descrição das linhas e dos montes, dos dedos e das mãos em geral, não fiz nenhuma referência aos signos, como acontece em tratados de Quiromancia, estrangeiros e nacionais.

Na parte relativa aos montes tratamos somente deles. Na parte em que me refiro às linhas, tratei apenas delas. Em me referindo às mãos em geral e aos dedos, não pus em cena nenhum outro elemento que pudesse desviar a atenção do assunto principal da exposição. A curiosidade insatisfeita no momento será largamente compensada depois pelo grande favor dos conhecimentos seguros adquiridos.

À primeira vista, esta exclusão de um material tão importante e copioso parece contribuir para uma desoladora pobreza dos capítulos referentes aos assuntos já expostos. É melhor, porém, que as coisas se passem assim.

Ao debutante das primeiras letras não se oferece de vez todo o abecedário. Deixa-se que ele, já familiarizado com as vogais, com os sons simples da linguagem, entre em contato com as consoantes na aprendizagem dos valores combinados para formar a articulação da voz.

Os elementos agrupados pela Quiromancia sob a denominação genérica de signos são: a estrela, a cruz, as linhas verticais, as linhas horizontais, os ramos, as cadeias, as grades, as barras, a ilha, o ponto, o círculo, o quadrado e o triângulo.

Farei uma descrição detalhada de cada um desses elementos, na ordem em que os apresento.

A Estrela

Uma estrela, eis a fatalidade!

A fatalidade pode ser boa ou má, de acordo com a posição tomada pelo signo, estando naturalmente fora do domínio do livre-arbítrio. Escapa à ação daquele sobre cujos destinos o vaticínio incide.

Mas a fatalidade anunciada, quando não se confirma pela presença do mesmo sinal na mão direita, pode ser combatida pela razão e pela vontade. Nesse caso, o que chamamos fatalidade é apenas uma possibilidade, um prudente aviso da natureza relativamente a uma infelicidade que nos espreita.

São estas, em geral, as significações da estrela: no Monte de Vênus, fraqueza por indivíduos do sexo oposto. No Monte de Júpiter, bom presságio, pois lhe confirma as indicações. Júpiter é a glória, o domínio, a soberania, a ambição e o poder. No Monte de Saturno anuncia calamidades, assassínios, catástrofes e morte possível por asfixia. No Monte de Apolo, a estrela revela perda de bens materiais e pobreza por fim. No Monte de Mercúrio, desonestidades. No Monte de Marte predisposição para o assassinato e naufrágio quando aparece no Monte da Lua. Essa indicação será agravada se houver alguma viagem marítima prevista.

Uma estrela na segunda falange do polegar tem o mesmo valor da que se encontra no Monte de Vênus, com o agravante de um casamento infeliz.

Na terceira falange do médio a estrela nos dá um destino elevado, sendo a mão de constituição superior. Nas mãos elementares anuncia desequilíbrio mental.

As estrelas aparecem, singularmente, é verdade, em outros pontos da mão. Como sua indicação geralmente é má, fácil se torna, pela expressão própria do sítio no qual elas estiverem, tomar-lhes a significação.

Assim, por exemplo, se encontrarmos uma estrela no fim da Linha da Vida ou nas Linhas do Punho, só lhe poderemos dar, pelo local onde assinalamos, o valor de um aviso bom, visto ser a velhice, anunciada no fim da Vital e pelas Linhas do Punho, um relativo bem. Poucos são os que não desejam chegar a uma idade avançada.

A uma estrela que se encontra na Linha da Cabeça não poderemos dar boa interpretação, isto é, uma significação favorável. O local é perigoso e uma estrela em tal ponto somente nos poderá predizer um acontecimento mau.

As Cruzes

Como as estrelas, as cruzes têm um sentido nada conveniente. Significam as tendências.

O seu valor indicativo é menos expressivo comparado com o de outros signos. As tendências não são as próprias qualidades.

A revelação feita por uma cruz se acentua mais quando é perfeita a grafia do sinal, a sua feição. Quanto melhor for o seu acabamento maior será a força da sua marcação.

Uma cruz no Monte de Vênus anuncia sensualidade rude, doentia, furor erótico e no Monte de Júpiter nos dá um casamento por amor. Se houver uma cruz semelhante no Monte de Vênus, teremos patenteado o amor único.

A cruz no Monte de Saturno agrava a fatalidade indicada e revela excesso de melancolia.

No Monte de Apolo nos dá o delírio das grandezas, a perda do bom senso na arte e na literatura, na riqueza e nas posições, e marca sobre o Monte de Mercúrio a improbidade nos negócios.

Regularmente traçada sobre o Monte de Marte, assim como na planície do mesmo nome, a cruz indica um caráter irascível, uma pessoa dada às questões, impertinente, como se diz, e pressagia furor místico, exagero nos gestos e nas palavras, fanatismo quando aparece no Monte da Lua.

Podem aparecer também as cruzes nos outros pontos. Elas acentuam, em tal caso, as influências mais próximas.

Uma cruz bem formada entre a linha da Cabeça e a do Coração, no meio do quadrângulo, dá misticismo, intuição, mediunidade e dons espirituais. Se houver um triângulo no Monte de Apolo, teremos a prática das ciências ocultas com êxito.

São esses os signos que o autor deste livro tem nítida e regularmente traçados na mão esquerda, signos em que se inspirou o artista a quem se confiou o traçado desta obra.

Várias cruzes no Monte de Júpiter indicam honrarias e distinções.

Deve-se levar em conta a significação própria do sinal combinada com a expressão do sítio onde ele aparece para uma boa leitura da mão.

A interpretação das linhas, dos montes e dos signos resultaria fácil e a Quiromancia deixaria de ser uma ciência se os elementos de que ela se serve pudessem ser tomados isoladamente. É preciso combiná-los e essa combinação obedece a regras pacientemente elaboradas.

Como a Gramática, a Quiromancia tem o seu léxico e sua sintaxe.

Linhas Verticais e Horizontais

As linhas verticais são um agrupamento de pequenos traços que às vezes encontramos na mão.

Os fluidos que circulam pelos canais que a mão oferece encontram no seu curso elementos que lhes abreviam ou que lhes retardam a marcha. Esses elementos são as linhas verticais e horizontais.

As linhas verticais facilitam a circulação dos fluidos, oferecendo-lhes, em determinados sítios, vários canais de passagem, o que, além de apressar o curso, ainda estende a ação da matéria em trânsito a uma área maior.

Assemelham-se assim a esses canais que se abrem para, multiplicando-se um curso d´água, irrigar e tornar fecunda uma região inteira.

As linhas horizontais, pelo contrário, são elementos de obstáculo à livre passagem dos fluidos. São uma espécie de canais estanques, destinados a captar-lhes uma certa parte do volume para estagnar-se e perder-se pela infiltração em sítios diversos daqueles para onde se dirigiam.

Com essa perda os fluidos perdem muito também de sua impetuosidade e, assim, chegam aos pontos finais dos cursos respectivos, fracos, diminuídos, impotentes, incapazes, portanto, de servir ao fim a que se destinavam.

As linhas verticais representam a intuição, e essa intuição é médica sobre o Monte de Mercúrio, artística sobre o de Apolo, das coisas elevadas sobre o Monte de Júpiter e de acontecimentos fatais nos domínios trágicos de Saturno.

Essas linhas, como já vimos, auxiliam ou contrariam a passagem dos fluidos, afirmando ou negando a influência das regiões por onde eles transitam, ou melhor, onde o auxílio ou a interpretação se pratica.

Os Ramos

Os ramos aparecem, de ordinário, nas extremidades das linhas cujos significados fortificam ou não, de acordo com a posição que tiverem.

Os ramos ascendentes são favoráveis, e prejudiciais os que descem.

Na Quiromancia os ramos têm a mesma função que lhes é dada na vida: ornamentação. São adornos, destinam-se a dar um ar festivo aos ambientes e aspecto alegre às pessoas que os trazem.

Não devemos esquecer que essa característica dos ramos foge quando eles não tomam a sua posição normal. Um ramo em sentido inverso exprime tristeza.

As flores vivas, animadas, cheias de vigor se voltam alegres para o Sol e se embriagem na sua luz. Quando morrem, porém, secas ou murchas, pendem para o chão e renunciam o meio festivo da natureza onde vicejaram felizes, e, tristes, se entregam à destruição.

Um ramo pendido é um final de festa, é uma alegria acabada. Quando não nos deixa saudades do fato que se comemorou, nos joga sobre a memória o véu do esquecimento pela modificação que imprime ao ambiente onde se exerceu a ação radiante da sua presença.

Uma única interpretação dos ramos, em determinado lugar, servirá para todos os casos em que eles apareçam.

Imaginemos uma Linha Mental que se prolongue para o Monte de Júpiter e onde finde em ramos verticais.

Veremos nesse sinal uma esplêndida indicação do amor ideal, desses que se santificam pela pureza dos sentimentos que os animam.

Os ramos acentuam as possibilidades desse amor, dando-lhe maior realce e beleza e força realizadora. Indicariam o contrário se estivessem em posição inversa.

As Cadeias

As cadeias, como as linhas horizontais, são obstáculos e exprimem contrariedades geralmente.

Amarram, prendem, manietam as qualidades boas ou más dos montes onde aparecem. Podem ser ou não favoráveis à sorte daqueles que as trazem.

As Grades

As grades são um sinal desfavorável. Alteram as qualidades das linhas e dos montes, criando-lhes obstáculos.

As grades são uma barreira à livre circulação dos fluidos, desviando-lhes o curso. Distanciam os acontecimentos e tomam o sentido do lugar onde se apresentam.

Sobre o Monte de Vênus, por exemplo, uma grade significa alteração dos atributos conferidos a essa parte da mão: vida física, sensualidade e procriação.

Um elemento que se levanta contra a vida física, contra a sensualidade, contra a procriação, forçosamente determinará graves perturbações de ordem fisiopsíquica de consequências as mais lamentáveis.

Assim, pois, uma grade no Monte de Vênus é um aviso dos perigos a que estão expostas as pessoas que a trazem. Pressagia amores escusos, volubilidade, indiferença e sensualidade sem paixão amorosa.

No Monte de Júpiter, indica vida estéril, vaidade e egoísmo desmedido, existência arredia sem os encantos e prazeres que a sociabilidade e as relações nos oferecem.

No Monte de Saturno, as grades fixam a má sorte e em Apolo, uma imaginação artística exagerada, mas impotente para realizar os desejos e ambições.

Roubos, desonestidades, eis as revelações que nos fazem as grades sobre o Monte de Mercúrio. Morte violenta sobre o Monte de Marte.

No Monte da Lua, as grades revelam tristeza, neurastenia, um estado de alma que nos pode levar ao suicídio.

A significação de uma grade cresce na razão da intensidade da sua constituição. Quanto mais fechado o entrançado da rede, maior é o seu poder de resistência à circulação dos fluidos.

As Barras

As barras são pequenos traços que aparecem na mão, subindo ou descendo o curso das linhas principais, cortando-as em direções diferentes, firmando-se sobre os montes, simples, duplas, triplas, tomando significações as mais diversas, conforme as circunstâncias de que se cerquem.

As barras atravessadas contrariam o destino. As que sobem e as que descem são más.

Uma pequena linha reta (barra) sobre o Monte de Júpiter reafirma as suas boas qualidades, garante-nos uma existência suave, feliz, no Monte de Saturno e em Mercúrio nos dá descanso e fortuna.

No Monte da Lua as barras indicam pressentimentos e intuição.

Em regra: uma linha simboliza o bem; duas linhas, transformações na vida, mudança de posição; três linhas retas e paralelas, fortuna, chance; e muitas linhas malformadas, decepções e contrariedades.

A Ilha

A ilha não é um bom sinal.

Na Linha da Cabeça nos dá pensamentos tenebrosos, ideias de assassinato, roubo, indicam doenças mentais, levando-se em conta as indicações dos outros elementos.

Na Linha da Vida uma ilha significa causas ocultas relativamente ao nascimento de quem a tem e, na Linha do Coração, revela fraqueza orgânica desse órgão.

As ilhas crescem de importância quando estão na Linha do Destino, pois indicam tendência para o adultério, especialmente quando são bem feitas.

Se for má a conformação da ilha, teremos, além do adultério, as desgraças e infelicidades que dele podem resultar.

As moléstias do fígado estão indicadas pela presença de uma ilha na Linha Hepática ou da Intuição.

O Ponto

Os sofrimentos – Os pontos são minúsculos sinais nas linhas. Significam uma lesão.

Na Linha da Cabeça revelam moléstia mental, perturbações nervosas e loucura. Nas mãos mistas os pontos são signos singulares, raramente aparecem.

O Quadrado

Sangue Frio — Energia, eis a expressão geral do quadrado. Ativa as forças, levanta o ânimo, dá calma, resignação e desprendimento.

Aparece de ordinário na Planície de Marte indicando caráter reto, justiça, noção do dever e exatidão. No Monte de Vênus significa prisão e no da Lua, vida monástica, uma existência de místico recolhimento.

O Triângulo

Os triângulos revelam capacidade para os estudos científicos e, particularmente, um triângulo, sejam quais forem as suas dimensões, no Monte de Vênus indica amor calculado, medido e interesseiro. Os caçadores de dote não prescindem dessa assinalação.

Sobre Júpiter, de acordo com a expressão geral do monte, um triângulo nos dá a ciência a serviço da política e da diplomacia.

Os homens de Estado, os grandes orientadores de povos, os que se imortalizam pela superioridade de sua sabedoria na direção das sociedades humanas, possuem, fatalmente, um triângulo no Monte de Júpiter.

Em Saturno, o triângulo nos dá a ciência escabrosa da Magia Negra, mentalidade cultivada a serviço de uma idealização doentia. A obra infernal das congregações secretas da Idade Média surge aos nossos olhos com todo o seu cortejo de crimes e de depravação. Os sacrifícios de toda sorte, impostos muitas vezes para a satisfação de desejos sexuais, passam na nossa lembrança como uma recordação triste desses tempos de ignorância e de abominação.

No Monte de Apolo, o triângulo é promissor. Em tal posição um triângulo nos confere a ciência aplicada nas artes e nas letras, coroando altos e luminosos destinos.

Mercúrio já tem, por si mesmo, o domínio das ciências. A presença de um triângulo no monte que tem o seu nome serve apenas para acentuar ainda mais a sua própria significação.

Sobre o Monte de Marte, o triângulo nos assinala os militares natos, os grandes capitães, os estrategistas famosos e nos dá a sabedoria a serviço do misticismo, quando se mostra bem formado no Monte da Lua.

Generalidades

Não obstante a abundância de detalhes, de explicações, de argumentos e de demonstrações dos artigos já apresentados, julgo do meu dever alongar-me um pouco mais no terreno da Quiromancia prática, fazendo demoradas referências às interpretações que são dadas às figuras existentes na mão, tais como a letra M, o triângulo, o quadrângulo e o Anel de Vênus.

Tenho a ideia de oferecer nestas páginas todos os dados preciso à leitura corrente das linhas e dos signos da mão, de modo que, em pouco tempo, qualquer pessoa interessada nestes estudos possa, como o autor, penetrar os mistérios da Quiromancia e descobrir os segredos dos nossos destinos.

A Letra M

A Linha da Vida, a da Cabeça e a do Coração formam, na Planície de Marte, um M perfeito. M a que não falta nem mesmo o elemento de ligação das duas últimas hastes, pois a Linha de Saturno, de ordinário, une a linha Natural à Mental, mostrando como a fatalidade interessa às manifestações da inteligência e aos atos reflexos do subconsciente.

LINHAS EM FORMA DE UM M

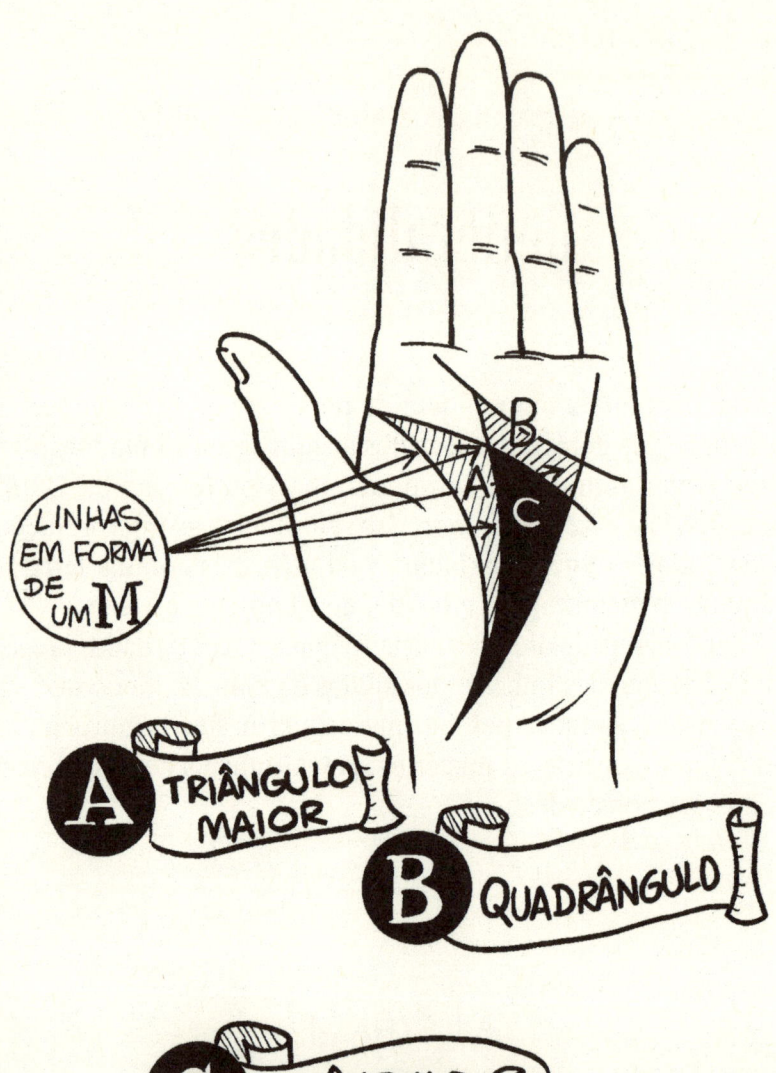

A TRIÂNGULO MAIOR

B QUADRÂNGULO

C TRIÂNGULO MENOR

Quem não reparou ainda na conformação desses traços curiosos pensando na significação que eles possam ter?

Na minha infância, antes de qualquer ideia relacionada ao conhecimento das ciências ocultas, a letra M sempre me prendeu a atenção. Tenho ainda presente à memória a lenda que a seu respeito andava na boca das crianças do meu tempo – a letra M quer dizer morte! Mesmo falando da morte, como é doce a ingenuidade da lenda!

Durante mais de 25 anos, olhei curioso para o M da minha mão sem lhe poder descobrir a significação, sem lhe poder devassar o estranho segredo, sem lhe poder alcançar a revelação das suas linhas enigmáticas. Investigava em um mundo de trevas formado por minha ignorância daquilo que é hoje, para mim, um jorro incandescente de luz.

Vê-se pelas próprias características da letra M que ela participa de três mundos: do material, do moral e do divino, sabendo-se que a Linha da Vida pertence ao mundo físico, a Natural ao espírito e a Mental ao reino dos sentimentos elevados.

Uma letra M bem-feita, ajustada, nítida, proporcional, revela um caráter rígido, uma vontade forte, um nobre sentimento da vida e qualidades morais e afetuosas muito apreciáveis.

As pessoas portadoras de uma letra M bem formada assim, se outros signos não a contrariarem, são bondosas e inclinadas ao perdão das ofensas. As senhoras são tímidas e recatadas, e os homens, além de modestos, são inteligentes, retos nos seus julgamentos e sabem cultivar as boas amizades.

Um M deformado, malfeito, mal impresso na mão, demonstra sentimentos contrários aos acima referidos, qualidades inferiores, um espírito rebelde a toda sanção de ordem moral.

Há pessoas que não têm a letra M e há outras que a apresentam apenas em uma das mãos. Essas anormalidades são explicadas pela Quiromancia, como já vimos nas demonstrações feitas.

O Triângulo

O triângulo é formado também na Planície de Marte, no centro da mão, pela junção da Linha Vital com a Mental e com a Hepática. A sua revelação é boa ou má, de acordo com o seu feitio, regular ou não.

Um triângulo extenso e bem posto, indicando visão ampla, coragem e desprendimento, aparece nas mãos dos homens de aspirações nobres e de sentimentos elevados.

Pequeno, sem forma regular e apreciável, denota um espírito acanhado, uma vida sem marcos de grandes e bons acontecimentos.

O triângulo tem uma particularidade interessante: os ângulos.

O ângulo formado pela união da Linha da Vida com a da Cabeça denomina-se ângulo superior. O que se forma pela junção da Linha da Cabeça com a Hepática chama-se ângulo direito, e esquerdo o que se forma pela interseção da Vital com a Linha da Intuição.

Os dois primeiros estão relacionados à saúde e aos sentimentos, e o terceiro ao temperamento do indivíduo.

Quando os ângulos são perfeitos, as qualidades expressas são mais fortes e se manifestam por um aspecto bom. Dá-se o contrário quando tais ângulos são deformados.

Desse modo, um ângulo esquerdo mal traçado refletirá um temperamento facilmente irritável, um caráter violento, uma pessoa intratável e hepática, o que justifica a gravidade que se empresta à ação da Linha da Intuição sobre a nossa constituição física e moral.

O Quadrângulo

O quadrângulo é uma figura também de destacado interesse quiromântico pela importância das revelações que nos pode fazer.

Essa figura é constituída pela Linhas da Cabeça e do Coração. Pertence aos dois mundos: o moral e o material.

Um quadrângulo regularmente traçado, largo e limpo, revela os melhores sentimentos. A ausência ou a deformação dessa figura implica numa vida de sofrimentos.

Pela análise do quadrângulo se pode determinar qual a sorte das preocupações que nos tomam o espírito, qual o mundo que nos domina e sua influência. Mais aberto na parte superior, o quadrângulo exprime a influência positiva do mundo moral sobre os nossos destinos. Mas se a maior abertura estiver do lado contrário, então estaremos sujeitos a todos os caprichos da matéria, à ação danosa dos instintos, aos prejuízos das paixões e dos atos impulsivos.

Anel de Vênus

O Anel de Vênus é uma figura singular. Raramente a encontramos.

Essa figura representa as paixões violentas, o amor sensual pervertido.

O Anel de Vênus é um semicírculo colocado na parte inferior dos montes de Saturno e de Apolo, como que os abarcando, posição que lhe comunica as influências opostas desses dois domínios.

Um Anel de Vênus forte envolve paixão cega, alucinante, extremamente profunda. A animalidade estará a serviço da satisfação irrefreada dos desejos.

Ao mesmo tempo em que se joga sobre Saturno, agravando as qualidades do monte, o Anel de Vênus, atirando outro extremo sobre Apolo, empana o brilho de sua luz, evitando assim que se esclareçam e se revelem suas tendências e sua significação.

Animarei essa figura para que se aprenda melhor o seu sentido.

No Monte de Vênus está a deusa, sequiosa e forte nas suas paixões, desvairada no seu desejo.

À sua frente, embora distante, Apolo, de olhos abertos, mantém-se atento e vigilante, esclarecendo a razão obliterada pelo fogo crepitante de uma desenfreada sensualidade.

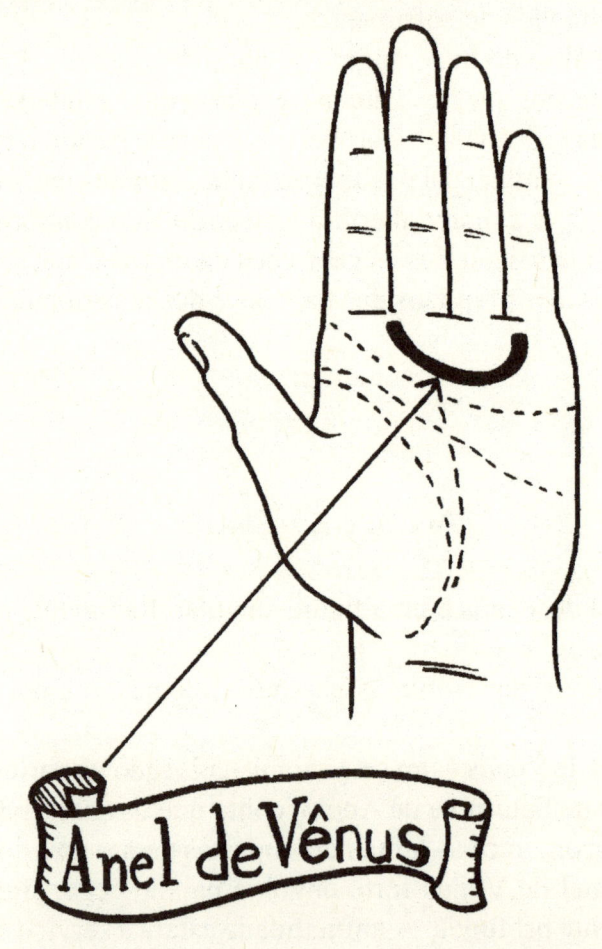

Anel de Vênus

A deusa não pode consentir nessa atitude do seu opositor e, cega como se acha pelos reclamos de sua sensualidade febril, toma de Saturno as trevas da sua fatalidade e as arremessa furiosa sobre o adversário, procurando afastar do seu caminho o indesejável que se arvorou anjo tutelar da sua presa cobiçada.

O Anel de Vênus representa mais especialmente o amor sensual desvairado, a orgia, a festa dos baixos instintos. Leva os indivíduos às tragédias passionais, pois, como já vimos, Vênus em tais casos dispõe das influências nefastas de Saturno para a resolução de seus planos inferiores.

Uma sequência de pontos no Anel de Vênus indica amor obsceno, perversão sexual do homem ou da mulher.

Pode acontecer que o Anel de Vênus se estenda até o Monte de Mercúrio. Se a extremidade se fechar sobre esse monte, a influência da figura será maior. Receberá, porém, as influências do meio se tal extremidade se conservar aberta. Isso lhe modificará fortemente a expressão.

Linhas do Punho

A duração da vida, segundo a tradição, está gravada nas linhas do punho, chamadas também de braceletes.

Cada uma dessas linhas representa 30 anos de vida, conclusão um tanto avançada, segundo alguns tratadistas e a que os fatos não têm dado a desejada confirmação.

Essas linhas se apresentam, às vezes, em forma de cadeia, o que vale por uma existência de labor e de sacrifícios.

A longevidade e a calma se traduzem por umas linhas unidas e firmes em uma epiderme de aparência saudável.

Linhas de Viagens

As chamadas linhas de viagens são uns traços maiores ou menores que partem de pontos diferentes do Monte da Lua, procurando a percussão da mão; outros, a Linha da Cabeça e outros, a direção da Planície de Marte, na parte inferior do triângulo.

As primeiras referem-se às viagens forçadas e, quase sempre, infelizes. As segundas significam as viagens por terra e as terceiras, as viagens marítimas.

Em determinados casos essas linhas partem do punho, ganham o Monte da Lua e dali tomam uma das três direções apontadas. Isso importa em viagens demoradas ou extensas.

A Procriação e o Casamento

As linhas da procriação estão localizadas na parte inferior da Linha da Vida, no seu extremo próximo às linhas do punho.

Pelo exame atento dessas linhas se poderá determinar o número de filhos, avançando-se até mesmo a algumas generalidades sobre os seus destinos.

As linhas que predizem casamento ou união amorosa acham-se entre o Monte de Mercúrio e a Linha do Coração. Partem de percussão da mão.

Os casamentos ou as uniões felizes estão expressos quando as linhas se acham pendidas para a Linha Mental e a viuvez se marca por um corte transversal na Linha de União.

Nas mãos das pessoas involuntariamente celibatárias, a Linha de Casamento atravessa a do Coração.

Na apreciação dessas linhas é preciso levar em conta a feição que elas possam ter, a influência a que estejam sujeitas e a expressão gráfica tomada. Com essas observações a interpretação resultará fácil. O sentido exato do sinal virá naturalmente.

Os Mundos e Suas Influências

"A importância ligada aos bens terrestres está sempre na razão inversa da crença na vida futura."
(Allan Kardec)

A Quiromancia moderna, seguindo como possível as pegadas da tradição, divide a mão em três mundos: o material, o moral e o divino.

Como se conclui facilmente da própria denominação, o mundo material se relaciona à vida elementar, às existências primárias, aos espíritos novos, apenas iniciados nos domínios de onde se evolui para a espiritualidade.

O mundo moral é o termo médio de evolução humana e se relaciona às coisas do espírito e da razão em função mesmo da vida, sob o aspecto ainda materializado das utilidades, dos interesses e das paixões, isto porque a moral, como nós, os ocultistas, a sentimos e compreendemos, significa apenas a perfeição, o conhecimento da verdade.

O mundo divino é o reino das emoções sublimadas, dos sentimentos altruísticos, dos dons e das faculdades superiores. Acha-se em relação estreita com a vida universal, ante a qual o indivíduo se despersonaliza para integrar o grande todo.

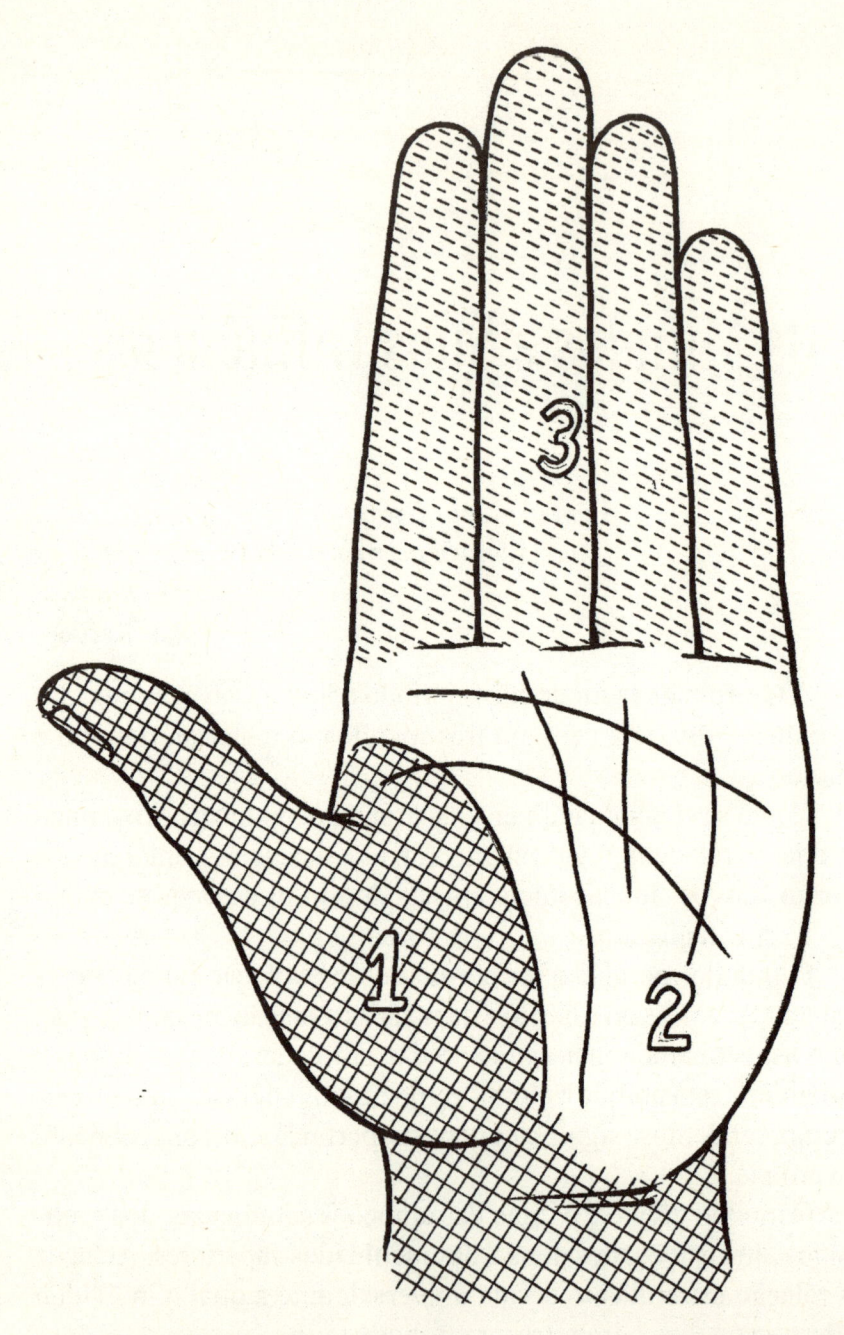

1 – O Mundo Material, 2 – O Mundo Moral, 3 – O Mundo Divino

O Mundo Material

A Quiromancia divide a mão em três setores distintos ou mundos: o material, constituído pelo punho, o moral, formado pela palma e o divino representado pelos dedos.

O mundo material, simbolizado pelo punho, exprime as coisas da vida física, a duração da existência, a adaptação ao meio, a luta de cada dia, os anseios e as mortificações, a força e o poder de resistência precisos para se triunfar, muito embora fracassemos na maioria das vezes.

O mundo dos instintos e das paixões exerce um domínio quase despótico sobre os outros dois mundos, na maioria das pessoas, condição própria do plano e do meio em que vivemos.

Essas influências do mundo material se estendem aos outros mundos por condutos próprios, naturais, tais como a Linha da Vida e Saturnina e se localizam nos sítios abertos às incursões do mal.

As linhas do punho, a Vital e o Monte de Vênus constituem o mundo material propriamente dito, em que a única linguagem que se escuta é a das paixões, dos interesses e dos sentimentos puramente egoísticos.

As linhas do punho nos falam dos ancestrais, do meio de onde emergimos, dos laços atávicos e das heranças que nos sobrecarregam o fardo das penas que vimos cumprir neste mundo.

A Quiromancia, sob o ponto de vista do punho, pouco, muito pouco, ainda, tem avançado nos detalhes das indicações próprias de tal região. As investigações, porém, continuam e graças à nova luz que a Quirosofia está fazendo em tais domínios, longe não estará o dia em que, olhando as linhas do punho de uma pessoa, possamos detalhar com toda clareza a sua procedência plebéia ou aristocrática, os seus antepassados nobres ou não.

Todo o trabalho da natureza, sob o ponto de vista antropológico, deve estar resumido no mundo material, muito embora desse conjunto de elementos, seja quironomônico ou quiromântico, propriamente dito, possamos tirar também conclusões de ordem moral.

Ainda aí se vê a perfeita união da Quiromancia com a ciência positiva, como ela justifica e acata os princípios considerados fundamentais, referentemente ao estudo do homem. É dos antigos o sábio provérbio: "Alma sã em corpo são".

Se o punho e suas linhas são malformados, sem proporção e sem colorido; se o Monte de Vênus não se eleva medianamente, guardando os justos termos das suas funções; se seu traçado não tem harmonia e seus sulcos profundos lhe deformam a superfície; se a Linha da Vida é fraca ou sinuosa, estrangulada ou anêmica, nenhuma dúvida nos deve restar acerca das qualidades e dos predicados morais do portador de um mundo material assim.

Os espíritos nobres, os caracteres elevados, os sentimentos superiores, as emoções, as aspirações e os ideais elevados requerem um mundo material perfeito, tanto quanto possível, dentro dos limites físicos e morais do planeta em que vivemos. É essa a exigência da lei do equilíbrio.

O Mundo Moral

De um modo geral a palma abrange todo o mundo moral, como vimos na classificação anteriormente estabelecida. Porém, deveremos excluir desse domínio a Linha da Vida e o Monte de Vênus, pois como já se demonstrou, esses dois elementos de estudo se ligam mais intimamente ao mundo da matéria.

Os índices principais do mundo moral são os montes e a Linha da Cabeça, lugares onde se encontram os indícios dos predicados bons ou maus de que somos portadores.

A Linha Natural (mente) avança na direção do Monte de Marte (energia) e aí, nas fronteiras do Monte de Lua (fantasia e imaginação), supre-se do indispensável às manifestações exteriores do Eu, patenteando-se forte, firme, impetuosa, prepotente, ou sem vigor, frágil, sem colorido e sem vida.

Há sempre uma anormalidade de ordem mental na organização intelectual ou física daquele que nos apresenta uma Linha da Cabeça anormal. A regra é infalível.

Como consequência, o moral de uma pessoa assim há de sofrer, visto não se compreender atos de acordo com os saudáveis princípios da ciência superior, da parte de quem não tenha um julgamento perfeito e o controle necessário ao jogo das ideias.

Uma imaginação rica e uma memória portentosa são condições necessárias ao exercício pleno de uma mentalidade perfeita, o que não se encontra, absolutamente, da parte de quem, além de uma Natural defeituosa, tiver o Monte da Lua atrofiado.

Cada um dos montes nos fala dos predicados morais sob seus respectivos aspectos e as figuras da mão, como já se viu na larga descrição feita, confirmam as deduções apresentadas à margem da sondagem feita.

No Monte de Júpiter o amor-próprio nos fala alto e no de Saturno a melancolia se firma e a desconfiança se acastela dominadora.

No de Apolo as aspirações e os ideais sublimam-se ou dividem-se aos rudes golpes da fatalidade. Asseguram porém, de qualquer modo, a existência de uma modalidade apreciável da vida mental e moral de uma pessoa.

O Monte de Mercúrio tem significação de relevo em relação ao mundo moral, tão eloquente se mostra na exposição do signo da probidade em geral, da boa ou da má conta em que se deva ter a reputação de uma pessoa marcada.

A moral, como já tive ocasião de dizer, resulta variável por força da grande diferença que há entre uma e outra personalidade.

Seja como for, quer se trate da moral dos costumes, ou se aluda à moral, síntese do conhecimento superior, as ações se julgam por seu mérito ou demérito, considerando o motivo ou a causa que as inspira.

O Mundo Divino

O mais importante dos mundos está situado na região superior da mão nos dedos, e é mais particularmente representado pelas falangetas porque, cada dedo, na sua tríplice divisão, condensa também os três mundos que nos influenciam: o material, o moral e o divino.

Ainda aqui se ajusta o tradicional e tantas vezes comprovado princípio do ocultismo: *o que está em cima é como o que está em baixo*.

Assim, a falange é como o punho (instinto), a falanginha é como a palma (mente) e a falangeta é como o dedo (espírito), consubstanciado-se nesses três todo o fundamento da obra criada.

Tal estudo escapa ao traçado de um compêndio elementar de Quiromancia como este. Eu não quis privar os meus leitores e confrades de amanhã, certamente, de um elemento tão precioso às conclusões a que possamos chegar na prática da interpretação das linhas e dos signos existentes na mão.

O mundo divino compreende os dedos e a Linha do Coração, também chamada Mental ou Linha de Júpiter.

Relacionado às emoções, ao ideal, ao desprendimento, à elevação, esse mundo, quando dominante, marca os espíritos que já atingiram um grau avançado de progresso. Individualistas, por sua noção elevada das coisas, voltam-se com interesse apenas para a vida universal e eterna, aprofundando na medida do possível e do permitido os conhecimentos adquiridos relativamente às forças em curso, na multiplicidade dos aspectos que a natureza nos oferece na sua maravilhosa opulência. São esses os espíritos que já atingiram a maioridade mental. Por força da sua elevação já não se prendem aos detalhes.

A obra universal lhes aparece em conjunto, não sendo possível, portanto, na imensidade, distinguir as partes que formam nos planos inferiores os exclusivismos, os princípios de honra, os preconceitos, os propósitos e as prevenções.

Nas mãos em que é manifesta a predominância do mundo divino, não pode haver falta de proporção. Os excessos desaparecem e as linhas guardam, entre si, a harmonia do justo tempo.

Os dois mundos inferiores, o moral e o material, ajustam-se bem em bases normais e oferecem sob o domínio do espírito um plano devidamente preparado para o exercício de faculdades superiores. O corpo é o instrumento do espírito. Deve estar de acordo com ele.

A Quirosofia, ou seja, a Quiromancia Filosófica, estuda as causas, investiga as relações e as correspondências. Representa o campo sólido, a base, o fundamento, sem o que toda prática se invalida por falta da consistência necessária.

Tipos Planetários

"Os nomes dos deuses da Fábula são, para mim, etiquetas muito significativas."
(Desbarolles)

O estabelecimento do tipo planetário da pessoa cujas mãos nos sejam dadas a exame deve ser a nossa primeira providência, pois assim teremos do examinando uma impressão inicial que nos favorecerá enormemente no levantamento dos prognósticos e das revelações.

São sete os tipos planetários estudados pela Quiromancia Astrológica confirmados pela Astrologia Racional e Científica. Esses tipos são: o de Vênus, o de Júpiter, o de Saturno, o de Apolo, o de Mercúrio, o de Marte e o da Lua.

As assinaturas astrais são um assunto de tanta importância e de tanta amplitude que seu estudo comportaria um volume. Essa minha tentativa de abordá-lo em um simples capítulo importa em dar à questão um aspecto reduzido, limitado, de acordo com a feição elementar da matéria exposta neste livro.

Às pessoas que desejarem aprofundar os conhecimentos a respeito, recomendo os estudos de Papus no seu *Tratado Elementar de Quiromancia* e os de Ely Star em *Lês Mystéres de L'Horoscope*, tomados de Desbarolles como confessa o ilustre astrólogo francês e à margem de cujos trabalhos faço eu, igualmente, esta apresentação.

Tipo Planetário de Vênus

As pessoas nascidas sob as influências de Vênus apresentam, geralmente, as seguintes características físicas:

Estatura abaixo da média e corpo cheio, às vezes gordo. O rosto é redondo, sem ossos salientes. Os lados da face são pequenos, com as clássicas covinhas que se destacam mais quando os lábios se abrem em riso.

A fronte é pequena, mas bem formada, unida e ornada por umas veias azuladas.

Negras e espessas sobrancelhas em forma de arco, cabelos longos e pretos, ondulados com ligeiras nuances.

O nariz é bem-feito, roliço, proporcional, mais forte na extremidade e as narinas se dilatam facilmente, especialmente nos instantes de prazer.

Os olhos têm uma expressão de volúpia. São grandes e úmidos.

Grandes pupilas tomam uma expressão forte, convulsa, quando essas pessoas de Vênus discorrem sobre assuntos comovedores.

A boca é pequena e sensual, lábios carnudos sem exagero, com uma pequena depressão ao centro, dentes alvos e regulares e o queixo, redondo sem feição forte, tem, no centro, a cova que lhe dá energia.

As orelhas são vermelhas e pequenas, assentando-se bem o pescoço curto no tronco pouco musculoso.

Os ombros não são largos e caem muito bem sobre o peito estreito e carnudo.

Essas assinaturas físicas de Vênus correspondem perfeitamente às morais.

As pessoas de Vênus são sensuais, de temperamento ardente, animadas, alegres, amam o luxo e a elegância, as roupas claras e os meios festivos.

São comunicativas, dóceis, ternas e agradáveis, amam os perfumes ativos e as flores de forte colorido. Amam a música, preferindo as peças em que se destacam as leis da melodia.

Professam as artes plásticas com uma verdadeira intuição e se revelam músicos de estranha sensibilidade na interpretação de trechos melodiosos.

Vivem a seu modo, entre os prazeres do espírito e dos sentidos, evitando tanto quando possível as mortificações, as lutas e as discórdias.

Fazem do trabalho um meio de vida, nunca um meio de morte.

Honestas por índole, quando se corrompem o fazem por circunstâncias acima das próprias forças, pois quase sempre se descuidam, chegam a situações insustentáveis.

Essas assinaturas são as do tipo normal. Elas podem ser incompletas ou exageradas e, então, teremos a falta dos atributos ou seu excesso, anomalias sempre perigosas.

No primeiro caso teremos as criaturas secas para a vida, sem sentido e sem objeto sob o ponto de vista da existência social, das relações mundanas, dos meios elegantes e no segundo se assinalam os gostos esquisitos, as práticas criminosas contra os costumes e contra a própria natureza.

Tipo Planetário de Júpiter

O tipo planetário de Júpiter assemelha-se extraordinariamente ao de Vênus. Ambos são de mediana estatura, de ordinário, de constituição regular e a pele, salvo o caráter racial, é de um branco ligeiramente colorido.

O que melhor distingue o tipo de Vênus do de Júpiter é a voz. O jupiteriano tem um timbre claro, ressonante, enquanto que o de Vênus, além dos obstáculos evidentes na sua expressão, tem na palavra vestígios de uma rouquidão constitucional, sintoma próprio das paixões genéticas e do temperamento.

Os cabelos são castanhos e espessos, a barba bem disposta, o nariz correto, a boca é grande, lábios fortes, excedendo-se o superior, dentes largos, notadamente os da frente e o queixo, às vezes, toma a forma alongada.

O pescoço do tipo de Júpiter é bem-feito. As orelhas pequenas aderem à cabeça e os ombros se apresentam largos e fortes na sua constituição.

Os tipos de Júpiter não são apressados, amam o prazer e a glória, o meio e as exteriorizações, o conforto e a fartura.

Confiam em absoluto em si mesmos e procuram ocupar sempre os lugares de destaque, em boas situações. São orgulhosos, é certo, mas têm boas maneiras e são generosos.

Em geral são pessoas inteligentes e honestas. Dirigem empresas, chefiam serviços, gerenciam negócios, orientam as iniciativas, animam as atividades, organizam e instruem com um sentido forte do útil e do necessário, sem prejuízo da vida de relação, dos prazeres e do galanteio.

Os jupiterianos são bons chefes de família, bons amigos e companheiros dedicados. Têm espírito religioso, amam as pompas, os cerimoniais, os ambientes decorados e faustosos.

Como o tipo de Vênus, o de Júpiter ama a paz e a concórdia, as soluções sem violência, a vida sem grandes mortificações.

O jupiteriano pode encher-se de ódio e tornar-se violento, mas não guarda ressentimentos. A sua cólera dura apenas um instante.

Leviano mas sem astúcia, fácil, acessível, o homem do tipo de Júpiter desfruta numerosas relações e ocupa, de ordinário, posição de destaque no seu meio. É sensual e galanteador.

Tipo Planetário de Saturno

Diferentemente dos tipos anteriores, o de Saturno assinala os homens de grande estatura.

O saturnino é alto e magro e, às vezes, vergado para a frente.

Sua pele é seca, pálida ou trigueira e mal dissimula os ossos grossos que possui.

As principais características físicas dos saturninos se acham descritas no capítulo em que trato da Quiromancia prática, da leitura da mão e da interpretação em conjunto dos signos.

Darei, não obstante, mais alguns detalhes dos saturninos, sem dúvida os homens mais interessantes sob o ponto de vista quiromântico ou astrológico.

Saturno, Marte e Mercúrio são os marcadores dos elementos que originam os distúrbios e os conflitos na sociedade humana.

Os saturninos andam curvados, de olhos baixos, ruminando o seu plano ou entregues às maquinações. São céticos, desconfiados, tristes e sérios.

Fortes de caráter, muito independentes, amam o silêncio, os lugares sombrios, as vestes escuras e estão sempre prontos a dar apoio moral e material às revoluções.

É entre os saturninos que se encontram essas pessoas que, apesar do imenso interesse com que se entregam aos estudos superiores, ciências e Filosofia, nunca chegam a ter uma noção clara das questões relacionadas a tais estudos. É o que realmente demonstram quando se animam a externar suas opiniões.

Os saturninos dão bons matemáticos, calculadores hábeis. Se cultivam a música, pendem para as produções sérias, graves, para as melodias amorosas.

Apesar de sua incredulidade, o saturnino tem uma boa dose de superstição e o egoísmo, a confiança exagerada em si mesmo, o leva, às vezes, a gestos e atitudes ridículos.

São maus, em geral, os saturninos, homens de dúvidas e de pequeninos preconceitos morais que os tornam detestáveis.

Esse é o aspecto geral da assinatura de Saturno. Os prejuízos, assim como os excessos, criam os tipos anormais, os cretinos e sem fé, os hipócritas pregoeiros de uma moral que não praticam e os debutantes que se apresentam como portadores de conhecimentos filosóficos e científicos que realmente não possuem. Os saturninos são propensos à surdez e ao reumatismo.

Tipo Planetário do Sol (Apolo)

O apolíneo tem estatura mediana, proporcionada, o que lhe dá uma expressão real de beleza.

A cabeça é normal, a fronte não tem saliência, os olhos são grandes e claros, cabelos finos de um castanho às vezes tocado por filigranas, harmonioso conjunto que comunica ao tipo um aspecto doce sem prejuízo da severidade.

São bem postos os homens marcados pelo Sol. Tem um nariz delgado e direto, longas sobrancelhas arqueadas, boca mediana, bem-feita, lábios harmônicos ligeiramente pronunciados, dentes regulares, mas por vezes manchados.

A voz do apolíneo não é forte, mas é sonora clara e agradável.

O queixo salienta-se um pouco, é redondo sem ser forte e as orelhas pequenas não se ligam estreitamente à cabeça.

Em boa forma, destaca-se o pescoço musculoso e grande.

O peito é largo, limpo, e os membros todos proporcionados dão ao todo uma forma de ótimo conjunto.

O apolíneo se conhece pelo andar em que se destaca o porte de majestosa nobreza. Moralmente não são muito elevados. Irritam-se facilmente, cedem, mas costumam guardar ódio e a lembrança das ofensas recebidas.

São pessoas amáveis, muito agradáveis mesmo, mas não têm escrúpulo nas relações. Acompanham-se de elementos suspeitos e mal recrutados, que prejudicam os relacionamentos, na maioria das vezes...

Todo apolíneo tem um ideal artístico e sofre muito para alcançá-lo.

A assinatura de Apolo não marca necessariamente o estudioso nem o intelectual. Assinala as pessoas inteligentes, emotivas e intuitivas. Apolo dá excelentes médiuns e ocultistas.

As pessoas de sua influência, apesar de bem favorecidas pela natureza, sofrem na vida prática. São acanhadas, não solicitam favores, não se previnem, olhando o futuro.

O sentido da economia é fraco nos apolíneos. Eles têm um espírito penetrante, julgamento equilibrado, sentimento religioso, desprezando as formas exteriores do culto, e uma boa-fé a toda prova, o que os faz sofrer duras desilusões.

As pessoas influenciadas pelo Sol são esclarecidas em suas ideias. Sabem ver as coisas pelo lado verdadeiro. Têm a lucidez da apreciação.

São volúveis e indiscretas sem que nas atitudes se possa vislumbrar qualquer malícia.

Tipo Planetário de Mercúrio

De todos os tipos planetários é o de Mercúrio o mais complexo e, por isso mesmo, o mais difícil de se descrever ou apresentar. Contudo são estas as suas características físicas principais.

Pequena estatura, boa forma e agilidade. Até a meia-idade mantém o homem de mercúrio os traços físicos da infância, por isso que no adulto maduro, se reconhece sempre, a criança viva e inteligente de outrora.

A palidez do rosto, nos tipos de Mercúrio, é expressiva como reflexo do temperamento (Linha Hepática).

As pessoas nascidas sob as influências desse planeta animam a expressão facilmente, têm um jogo fisionômico característico.

A fronte se eleva. As sobrancelhas são finas, sem arco pronunciado, descendo até o ponto de apoio do nariz.

Como a face, os olhos são inquietos também, pequenos, profundos e penetrantes. Até se poderia dizer: o tipo de Mercúrio é o tipo clássico dos judeus...

O nariz é longo e reto, arredondado na extremidade e sem ornamento.

Os lábios finos ficam sempre entreabertos, morrendo para os extremos. O superior é mais forte.

Queixo pontudo e longo, pescoço forte, espáduas desenvolvidas, peito largo e cheio e lombo curvado são outras características dos homens de Mercúrio.

O timbre da voz é falho e fraco. Não se recomenda em clareza e sonoridade.

Não obstante, há pessoas nascidas sob a influência de Mercúrio que são eloquentes, destacando-se na tribuna profana ou religiosa por seus discursos arrebatadores.

A essas pessoas, porém, nunca faltará a ajuda de Marte. Mercúrio, por si só, nunca poderia dar origem a essas exteriorizações.

Os tipos planetários podem ser simples e compostos, perfeitos, médios e imperfeitos.

Sob o ponto de vista moral, os homens de Mercúrio se destacam mais por suas aptidões.

São naturalmente voltados às ciências práticas, à Medicina e ao comércio, amam a vida dos esportes, ginástica e os exercícios ao ar livre. Gostam das exibições, são atores, artistas excêntricos, viajantes, expedicionários, etc. Têm uma excelente memória, agilidade mental, um julgamento rápido, fácil compreensão das coisas, intuição e poder sugestivo apreciável.

As influências de Mercúrio são boas sob os pontos de vista mental e intelectual, sofríveis sob o ponto de vista moral, quando normais, mas perigosas, funestas, quando excessivas ou na ausência de qualquer controle.

Como já tive ocasião de dizer, ao tratar dos elementos influenciados por esse planeta, de dedo, monte e linha, Mercúrio marca simultaneamente o homem íntegro e o ladrão, o espírito honesto, superior, e a alma retalhada pela cobiça e pela ambição.

O excesso das influências de Mercúrio faz os ladrões, esses que agem com cálculo e, por um raciocínio frio, por um plano arquitetado.

Os jogadores audaciosos, os ladrões elegantes, os chantagistas internacionais, todos esses indivíduos de renome na vilania universal são fatalmente portadores da assinatura desse deus tão perturbador da probidade, e cujas faculdades apreciáveis não se pode manter em equilíbrio pleno sem o contrapeso das características boas dos astros benfeitores.

Tipo Planetário de Marte

Os homens de Marte têm estatura acima da média, são de constituição forte e pelo vigor que exteriorizam anunciam a posse de uma boa saúde. Têm a cabeça curta, pequena e fechada, a fronte alta, descoberta, rosto redondo, a pele dura, cabelos espessos e ondulados nas extremidades.

Os olhos são grandes e duros na expressão, com o campo injetado, especialmente nos estados de exaltação.

Os tipos de Marte destacam-se pela grandeza da boca, pelos lábios finos e fechados, com ascendências do inferior sobre o superior, pelos dentes largos, curtos e pontudos, notando-se que as sobrancelhas, em curva pronunciada, caem pesadamente sobre os olhos.

O queixo é redondo e notável por sua aspereza e se divide por uma depressão central, em dois hemisférios.

As orelhas, no tipo de Marte, são duras e vermelhas, tomando tonalidades fortes, roxeadas, na cartilagem.

O nariz arremata-se em uma ponta arredondada, em forma de coroa, o que permite às narinas uma dilatação considerável quando o temperamento belicoso se apresenta, convocando os instintos com grande vibração.

A face é dura e óssea, as maçãs do rosto se salientam e o pescoço, curto e forte, justifica a figura que os antigos concederam a esse tipo planetário, representada por um estampa de Polichinelo.

O tipo de Marte é o tipo ideal do militar arrogante, impetuoso e forte, cabeça levantada, peito saliente, passo largo e ritmado, voz de comando, proeminência e garbo.

Apesar desse aspecto de brutalidade que se confere ao tipo planetário de Marte, alguns predicados morais lhe são atribuídos, como a bondade, a hombridade, a nobreza das atitudes, cavalheirismo e magnitude. É pródigo e generoso.

Os homens marcados pelo planeta Marte gostam das cores berrantes, dos ornamentos vistosos, das roupas recortadas modelando-lhes o corpo e de tudo o que possa trazer ao espírito a ideia de êxito, de um triunfo, a recordação de uma luta, a sensação de uma vitória. São militares natos.

Como civis, os tipos de Marte não desmentem a ascendência astral. São açougueiros, dentistas, cirurgiões e, no exercício dessas profissões, se tiverem no seu destino, como assegura Desbarolles, a "sombra" de Saturno, chegarão ao crime, ao homicídio ou ao assassinato. Os grandes criminosos se assinalam assim.

Ainda segundo Desbarolles, o tipo de Marte, em mau aspecto, sem a "sombra" de Saturno, não passa de um cínico. Um ponto mais, diz o mestre, descobriremos os parasitas conjugais, os indivíduos insensíveis, sem noção de honra e de fé jurada. Sua paixão bestializada os domina por completo. Os menores defeitos desses sátiros da sociedade são a luxúria, a traição, o embuste, a petulância, enfim, toda essa sequência de vícios e de defeitos que assinalam a vida tortuosa desses indivíduos cuja existência se divide entre a orgia e o crime.

Contudo, Marte confere aos homens qualidades e virtudes apreciáveis. A coragem, a decisão, a franqueza, o arrojo e o sangue frio, a energia e a virilidade são seus atributos.

Tipo Planetário da Lua

A Lua, como Saturno, é do domínio dos tipos de estatura elevada.

As pessoas nascidas sob as influências frias desse planeta têm o cabelo loiro ou castanho-claro, olhos azuis e salientes no encaixe e apresentam robustez, um estado vital e orgânico muito satisfatório, pelo menos nas aparências.

A cabeça é redonda e excede as têmporas por sua largura.

A fronte não se mostra plenamente, mas, sobre os olhos, se nota uma saliência do crânio.

O nariz é curto e estreito e parece distribuir suas raízes por toda extensão da face. A boca pequena e ornada por uns lábios proeminentes e duros tem o ligeiro arremate de uma tromba.

As pessoas da Lua têm o olhar vago, a pupila tonteada, que se perde dentro das órbitas. Não é essa, por acaso, a característica do olhar dos videntes, das pessoas dotadas de dons de adivinhação e proféticos?

As pessoas que possuem faculdades espirituais, os sensitivos, os sonâmbulos, que são dadas ao êxtase e às visões, de comum têm esse olhar perdido.

Essa assinatura da Lua é de uma incidência fatal nos místicos de qualquer seita ou religião.

Tanto nos homens como nas mulheres, a assinatura da Lua confere uns quadris largos e mais ou menos arredondados, mãos fortes e pés grandes.

Moralmente os tipos influenciados pela Lua são caprichosos, levianos, fantásticos, móveis e insatisfeitos. Alguns são egoístas.

Com uma inclinação inata para as viagens, os tipos da Lua se dedicam à navegação e às explorações de regiões distantes, atraídos pela sensação do estranho, do ignorado e do desconhecido.

Os lunáticos, como podemos dizer, são um tanto ou quanto impassíveis, e, quando dominados pela sensualidade, ficam preguiçosos e mentalmente fechados, tornando-se difícil a assimilação do que lêem. Contudo sua imaginação é grande e muito ativa e se exerce, de preferência, nos domínios do fabuloso e do fantástico.

As qualidades de coração dessas pessoas pecam pela inconstância. A abundância das palavras nunca se justifica pela ação. Prometem tudo e não realizam nada.

Essas pessoas que nós encontramos tantas vezes queixosas de enfermidades que não sabem descrever com precisão, de moléstias de diagnóstico impossível são os tais doentes imaginários influenciados diretamente pela Lua. A sua assinatura é evidente e facilmente se identifica.

As assinaturas astrológicas se revestem de uma importância capital, sob o ponto de vista da determinação dos caracteres humanos.

Mestres nessa ciência, os antigos egípcios foram largamente beneficiados por ela.

Nas sociedades do seu tempo, certas calamidades modernas eram facilmente evitadas.

Um casamento, uma associação comercial, um negócio de confiança recíproca, assim como o estudo das vocações e de uma carreira, tudo se processava com uma segurança absoluta, graças à determinação das correspondências astrológicas e das respectivas assinaturas.

É bem possível que, em um futuro próximo, o Estado se encarregue de uma iniciativa que, à sociedade, resultaria penosa, morosa e de realização quase difícil: a verificação compulsória das qualidades morais dos indivíduos, dos seus gostos e aptidões.

    No dia em que se compreender a utilidade desse íntimo conhecimento recíproco a humanidade terá dado um largo passo avante no caminho do progresso e a Terra subirá um grau, realizando mais uma etapa na ascensão espiritual do mundo.

Quiromancia Astrológica

"Mais do que nunca, o problema atroz dos destinos ergue-se diante de nós; será verdadeiramente insolúvel? O véu não poderá se afastar nem se levantar mesmo ligeiramente?"
(Camille Flammarion)

É incontestável a influência da Astrologia na Quiromancia. Apesar de todo surto reformador do presente, ainda andamos absolutamente presos à tradição, aos ensinamentos do passado.

A Quiromancia moderna se apresenta, assim, com uma dupla feição: é física e astrológica, é mística e racional.

Com a ideia de não deixar lugar a dúvidas ou compreensão defeituosa acerca desse duplo aspecto da Quiromancia, resolvi tratar, em um capítulo à parte, dessa interessante questão, não obstante as numerosas referências que já lhe foram feitas nas páginas anteriores.

Os estudantes da Quiromancia se sentem, muitas vezes, embaraçados em virtude da multiplicidade de denominações dadas aos elementos com os quais vão travar conhecimento.

A nomenclatura tão diversificada atualmente em uso se constitui em extraordinária dificuldade para os estudantes, originando uma confusão profundamente perturbadora à boa inteligência dos textos, especialmente em se tratando dos ainda não-familiarizados com a terminologia das ciências ocultas.

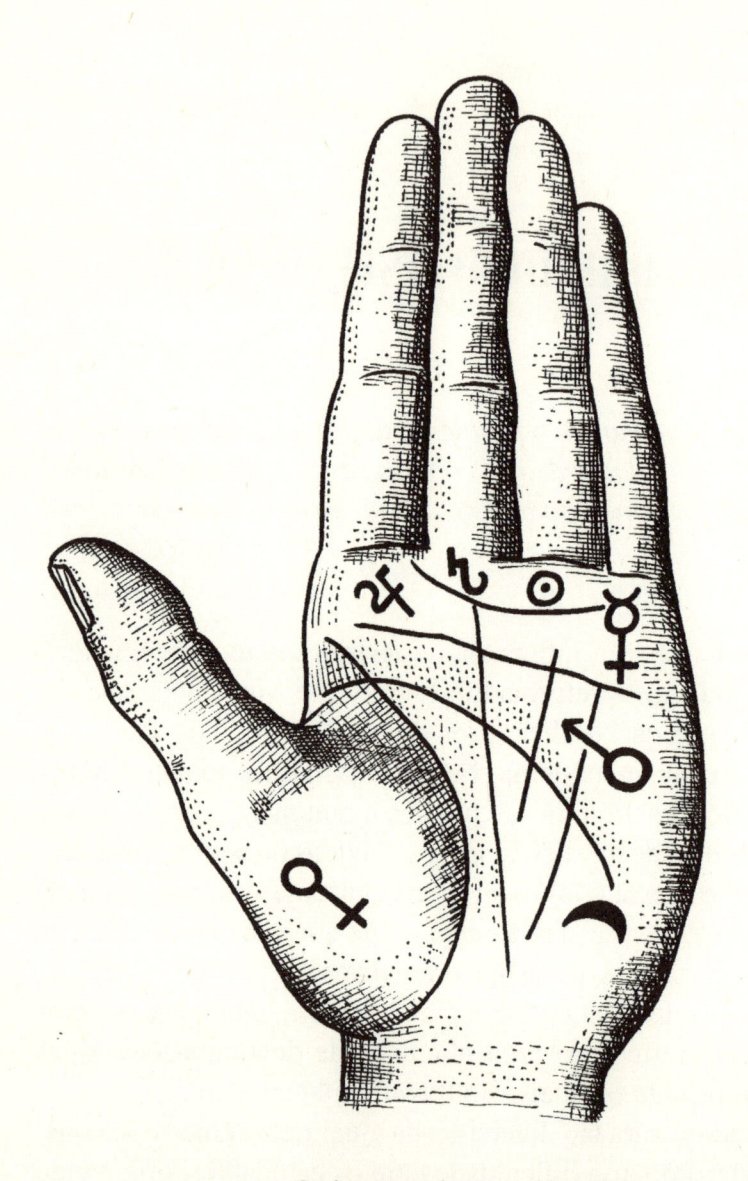

Quiromancia astrológica

Uma boa divisão desses dois aspectos da Quiromancia, muito fácil de estabelecer-se, afastará o inconveniente e o ensino muito lucrará em inteligência e clareza.

O estudo sistemático das linhas da mão é posterior, como se concebe facilmente, ao estudo das influências dos astros sobre os destinos do homem, por isso que, por maior que seja o recuo operado no tempo, em relação à Quiromancia, sempre a encontramos na dependência da nomenclatura astrológica.

São sete os astros que nos influenciam a mão, porque sete também eram os elementos do sistema planetário em voga no mundo antigo, relacionados pela Astrologia.

Urano e Netuno só modernamente conseguiram um pequeno espaço de terra em todo o continente a que chamamos mão, por um ato prepotente de certos quiromantes que não hesitaram em invadir os seculares domínios da Lua para os repartir com os dois retardatários do nosso sistema.

Graças a esse gesto de força, foram Urano e Netuno incluídos no rol dos astros que nos influenciam por meio dos montes e das linhas da mão.

O reino de Vênus periga igualmente. Já há quem o ande medindo para ver se será possível um desmembramento em benefício da Terra, pois desde muito tempo é o nosso globo considerado um astro do Céu.

Esse desapego tão forte à tradição parece-me exagerado. Nada nos poderá justificar a necessidade desse reajustamento, se a Quiromancia Física nos põe a Quiromancia muito à vontade em confronto com o nosso tempo.

Nem sempre a sinceridade dos pesquisadores pode ser aceita, especialmente quando falte uma alta dose de bom senso. É justamente o caso desse reajustamento astro-quiromântico, tão injustificável como desnecessário.

Vênus

Tomemos a mão da ilustração como modelo. O mundo de Vênus ocupa toda a região do monte respectivo, da Linha da Vida e do polegar.

Vênus, como se sabe, presidia a procriação, o amor, o curso da vida, os temperamentos exaltados e, sob o nome de deusa da beleza, inspirava e animava as paixões.

O seu monte, na Quiromancia física, ficou com as mesmas significações – vitalidade – e a sua Linha, sob a denominação de Vital ou da Vida, representa a existência sob o ponto de vista orgânico, assinalando os acidentes e as enfermidades.

Vênus é boa ou é má, favorece ou não, de acordo com a maior ou menor elevação do seu monte e do traçado de sua linha.

Do mesmo modo, a vida é boa ou não, é saudável ou doentia, correrá plácida e suave na plenitude dos dias ou se desenrolará por entre choques e distúrbios, conforme seja apreciável o monte onde se indica a vitalidade e bem forte a Linha da Vida, onde se soma todo o potencial necessário ao jogo dos órgãos propulsores e reguladores orgânicos da existência.

Toda essa região da mão deixada pela Quiromancia, sob os voluptuosos domínios de Vênus, reúne os atributos próprios da natureza da deusa que os romanos enalteceram tanto.

Vênus reina sobre a natureza geradora como símbolo da fecundidade e da reprodução.

A essas propriedades deve estar necessariamente ligado o amor, força instintiva que aproxima os seres para o cumprimento do "multiplicai-vos".

Na descrição dos laços que prendem a Quiromancia Astrológica à Quiromancia Física, não me é possível estabelecer uma distinção perfeita entre as divindades astrológicas propriamente ditas (astros) e as correspondentes mitológicas, separando Vênus, a deusa, de Vênus, o planeta.

Apesar da enorme distância que hoje separa a Astrologia Cabalística da Astrologia Científica e Racional, os astros continuam a ser considerados com os mesmos atributos e faculdades que lhes reconheciam os antigos.

No mundo de Vênus devemos procurar apenas o que estiver em relação com a vida física, com as funções orgânicas, com a forma exterior, com o temperamento, com os estados e os anseios sob o ponto de vista do sexo.

O mundo de Vênus é o mundo da matéria e esse mundo tanto pode ser baixo, hediondo e vil, como pode elevar-se em virtudes das mais apreciáveis.

Júpiter

Júpiter, na Quiromancia Astrológica domina o indicador, o respectivo monte e a Linha do Coração que, na Quiromancia Física recebe o nome de Linha Mental.

Como sabemos, a mais graduada divindade da Mitologia Romana era Júpiter, filho de Saturno e de Rhea, soberano do Céu e do mundo. O seu domínio é o do coração, dos sentimentos, da elevação do espírito, da grandeza e da abundância da alma. O devotamento e a bondade, o desprendimento, a caridade e a abnegação, assim como o egoísmo, o amor-próprio e a mesquinhez se indicam no Monte de Júpiter e na sua linha.

Saturno

As influências de Saturno se estenderam ao médio, ao monte desse dedo e à Linha da Fatalidade.

A Quiromancia Física denominou como sendo a do destino, a linha de Saturno, por isso que no seu percurso se notam os acontecimentos máximos de uma existência.

Saturno na Mitologia Romana simbolizava o tempo (Cromo), a experiência, a prudência e a sabedoria.

O destino, bom ou mau, era igualmente a mão inflexível da fatalidade, caindo pesadamente sobre as criaturas para abatê-las ou para elevá-las ao cume da glória.

A fatalidade é cega, não distingue. Saturno devora os filhos dando provas da sua insensibilidade.

No mundo de Saturno, a Quiromancia procura o determinismo humano, a fatalidade boa ou má, as linhas marcantes de um destino e a formação física de uma personalidade de acordo com a sua maior ou menor abertura para o exterior.

Saturno marca, assim, igualmente, a velhice, a ponderação, a reflexão, a análise e o raciocínio, enfim, a vida de todos os que levam a sério a sua passagem por este mundo.

Como se vê, não houve alteração nos predicados atribuídos a Saturno pela Quiromancia. Mudaram-se as denominações apenas. O conceito e a significação continuaram os mesmos.

Apolo

Os quiromantes modernos, não há dúvida, dispõem de um material maior e de uma liberdade de ação que não se pode comparar em absoluto à que era permitida aos antigos se alguma folga lhes era dada, neste particular – e por isso muito mais completos e firmes devem ser os resultados das investigações nos domínios da sua arte.

Apolo ou o Sol dominava as artes, a música, a poesia, as belas formas, os gostos apurados, a estética e as emoções, assim como a sensibilidade.

A sua linha, na Quiromancia Astrológica, era a da Fortuna, marcava o êxito, o triunfo, a glória e a popularidade. A riqueza material se desenhava sobre o monte do deus de maneira clara e as possibilidades de realização sob o ponto de vista intelectual e artístico se indicavam na sua linha.

As coisas não mudaram. Apenas a nomenclatura se alterou um pouco. A Linha de Apolo hoje é a da Fortuna, no sentido material da expressão. Os seus atributos, assim como os do monte e os do dedo, são os mesmos.

Hoje nós dizemos: a Linha da Riqueza é a Linha do Sol.

Mercúrio

No dedo auricular, monte e respectiva linha, os antigos quiromantes viam o domínio de Mercúrio.

A inteligência aplicada, a adaptação aos meios, a ciência, a vida prática, a probidade funcional, eis as indicações mais particularmente afeitas ao domínio de Mercúrio.

Sua linha se denomina, hoje, Hepática, ou Linha da Intuição.

Há uma forte tendência entre os quiromantes modernos a chamar a Linha de Mercúrio de Linha do Estômago. Mais de um escritor já a apresentou assim. Essa inovação se deve, naturalmente, ao fato de se atribuir à Linha de Mercúrio, a indicação das perturbações digestivas, dos males do estômago, questão inerente à Quirologia, um dos ramos em que se acha dividida a Quiromancia dos nossos dias.

MARTE

Marte, o deus da guerra, na Quiromancia Astrológica dominava a Linha da Cabeça hoje chamada Natural, o monte e a planície que têm o seu nome.

A sua principal indicação era a violência, a cólera, a luta, as predisposições para os desconfortos, para as soluções litigiosas.

O domínio de Marte era o mais influente de todos, pois se entendia a uma grande parte da mão e, pelo fato de se exercer sobre a Linha da Cabeça, se concluía da sua importância, como que abarcando todo o indivíduo.

Esse conceito dos quiromantes antigos se fundamentava na ascendência que, na humanidade, tem as paixões instintivas sobre as faculdades do espírito impulsionado pela inteligência e pelo coração.

O mal sobrepuja o bem. Na vida vence o mais forte. A seleção natural justifica o emprego da força como um meio ideal para se triunfar e vencer.

Marte, pois, se achava à vontade para exercer suas perniciosas influências em um mundo predisposto a lutas de toda sorte.

Seu império não diminuiu; modernizou-se. A sua planície está dividida pela Quiromancia Física em setores diferentes. O triângulo maior, o menor e o quadrângulo são figuras pertencentes aos antigos domínios de Marte.

LUA

No Mundo da Lua, segundo a Quiromancia Astrológica, se indicavam os sonhos e a imaginação. Marcavam-se as viagens por mar ou por terra, as peregrinações, o exílio ou o desterro.

Em um bom sentido e em função de Apolo, a Lua presidia também os devaneios, os ideais, as aspirações, a arte e a poesia, mesmo porque não pode haver êxito artístico sem uma imaginação opulenta.

No antigo Monte da Lua, coloca a Quiromancia moderna as mesmas indicações que lhe eram próprias e chama de percussão a toda grande faixa que vai de sua fronteira ao Monte de Marte.

Não foi sem um certo constrangimento que voltei a falar das influências dos elementos quirománticos, embora sob o aspecto astrológico. Essa repetição, porém, me pareceu necessária para um melhor entendimento do texto.

Diferença das Mãos

A muitas pessoas parece singular a preferência que os quiromantes dão à mão esquerda para a leitura e interpretação dos signos.

Essa preferência se justifica por vários motivos. Tem causas diversas sua razão de ser.

Em primeiro lugar, temos a tradição, e todos nós sabemos a influência dos costumes, daquilo que se torna um hábito para nosso subconsciente. Uma função habitual se torna mecânica e instintiva.

Depois da tradição, temos uma razão de ordem lógica em favor da alegada preferência, razão firmada no modo pelo qual as ciências ocultas concebem o organismo humano.

A mão esquerda é um membro de natureza passiva. Está do lado do coração, órgão passivo também. O seu trabalho é menos ativo do que o executado pela mão direita.

A circunstância de ser menor o emprego de força física pela mão esquerda, determina uma menor soma de trabalho dos músculos que a revestem, o que para ela é um benefício, meio para se conservar menos dura ou rígida, mais flexível e maleável.

Essa condição é simplesmente favorável à circulação dos fluidos.

Menos ativa, a mão esquerda conserva melhor a superfície interna, condição indispensável à boa impressão das linhas e mais especialmente dos signos, figuras de pequena dimensão e que se podem facilmente apagar por uma lesão qualquer. A mão esquerda está menos sujeita a acidentes.

Mas sobre todas essas razões paira dominadora a que eu chamarei *Minha Razão*, porque nenhum tratadista ainda a ela se referiu. É a razão ditada pela lei do menor esforço.

Quem sabe se não temos nesse imperativo natural o juízo da razão tradicional?

Minha Razão se funda no seguinte: quando o quiromante examina a mão de uma pessoa, essa pessoa se coloca naturalmente à sua frente e, nessa posição, a mão esquerda do examinado fica defronte à mão direita do examinador.

Ora, nós fazemos com muito maior facilidade, com maior desembaraço, um trabalho à nossa direita do que à nossa esquerda.

Além do mais, nessa posição, o examinador segura com a mão esquerda o punho da mão esquerda do examinando, ficando com a direita livre inteiramente para apontar os signos que vai descobrindo e para a gesticulação necessária ao revelo das explanações que for fazendo, com a vantagem de ter o objeto do seu estudo completamente descoberto.

Com que dificuldade agiria o examinador se a pessoa posta à sua frente lhe oferecesse a mão direita para exame. Ele teria de segurá-la pelas pontas dos dedos, impedindo desse modo a análise de elementos de tanta importância para as conclusões.

Se para deixar livre essa parte da mão o examinador procurasse segurar pelo punho a mão do examinador, teria de cruzar os braços todas as vezes em que, com a mão direita, avançasse para apontar um sinal. Isso seria incômodo, evidentemente.

Eis porque os quiromantes preferem a mão esquerda à direita no exame das linhas e dos signos e, consequentemente, a revelação dos nossos destinos.

Quiromancia Prática

"Está verificado haver, hoje, videntes sensitivos que, ao observarem uma planta em germinação ou ainda uma larva de inseto declaram espontaneamente, sem que alguém haja de antemão em tal pensado, perceberem em torno da planta em germinação a forma fluídica da mesma planta, desenvolvida já, com as respectivas flores, bem como em torno da larva a forma fluídica do inseto adulto.
(Ernesto Bozano)

A Leitura das Mãos

A minha preocupação maior durante os longos dias e noites consumidos no preparo deste livro foi a de lhe dar uma feição absolutamente prática, sem desprezar as incursões necessárias pelos domínios da teoria.

Creio não haver perdido meu ponto de vista e foi, fiel ainda a meu propósito, que organizei esta parte sobre a leitura das mãos de acordo com o meu processo. Cada quiromante tem um processo seu, um sistema pessoal de tradução.

Apesar de aprendermos todos pela mesma cartilha – a tradição – e de aprofundar os estudos feitos pela observação, paciente e metódica dos fatos, na prática cada um toma a sua maneira de se conduzir na decifração das linhas e dos signos, o que, em boa linguagem, significa técnica profissional.

Essa circunstância, aliás, é de todas as ciências. Dois médicos cirurgiões saídos de uma mesma escola têm, na vida prática, na sua clínica, técnicas diferentes, o modo pessoal da ação varia de um para o outro.

Dessa multiplicidade de método nenhum prejuízo resulta para a ciência. Pelo contrário, essa prática ainda a engrandece mais.

Quando inicio a leitura dos destinos de uma pessoa pelo exame das linhas da mão, observo, em primeiro lugar, o tipo planetário dessa pessoa, isto é, a fisionomia e, de acordo com o que expus relativamente à fisionomia, desse exame me resulta uma impressão geral das qualidades predominantes e dos traços característicos da personalidade.

Essa impressão me facilitará enormemente a interpretação dos signos. Serve-me simultaneamente de ponto de partida e de apoio. Sobre essa base levantarei as conclusões a que chegar, as revelações e as previsões.

A impressão que me fica desse exame vestibular, como direi, é tão forte que seria dispensável mesmo o exame da mão para revelar ou determinar as qualidades e as tendências da pessoa em consulta.

Tenho chegado, por esse processo, isso várias vezes, a determinar a posição de signos e a conformação das linhas na mão de uma pessoa antes de qualquer exame quiromântico.

É simples isto. Se pelo conhecimento das linhas se revela o caráter, o conhecimento deste deve nos dar a sua posição; é a análise e a síntese de um problema.

Procedido o exame vestibular, passo a examinar a mão.

Esse estudo de natureza quironomônica, como expliquei, nos dá os pontos de contato e de referências, revelações entre as suas e as obtidas por meio da fisionomia.

Completam-se esses dois estudos preliminares. Um reforça o outro e assim a minha *impressão de entrada* avoluma-se, robustece-se e solidifica-se. Já conheço o indivíduo em linhas gerais. À Quiromancia pedirei apenas os detalhes.

O conhecimento prévio do caráter, das qualidades marcantes e das tendências, assim obtido, ajudará muito às conclusões posteriores porque toda e qualquer interpretação que se seguir há de ajustar-se ao espírito e ao sentido da *impressão de entrada*. O exame das linhas e dos signos compreenderá, assim, a terceira parte da operação.

Completada minha *impressão de entrada*, inicio o exame buscando as predominâncias planetárias pela observação dos montes. Passo em seguida ao exame das linhas e depois ao dos signos.

De posse de todo esse material faço um exame de conjunto, combinando os elementos conseguidos, sem desprezar os seus valores específicos, mas tendo em conta as novas significações dadas pelas influências a que estiveram sujeitos.

Imaginemos um caso:

Alguém me pede a leitura do seu destino pelo exame das linhas da mão.

Olho para esse alguém e observo sua fisionomia.

Trata-se de uma pessoa alta, magra, de um moreno pálido, de pele um pouco enrugada e seca. Os cabelos são pastosos e pretos e a cabeça, notável pelo comprimento, apresenta faces em cova, umas mandíbulas envolvidas e maçãs altas.

Encontro ainda no nosso alguém uns olhos cavados, fundos, sobrancelhas unidas, grandes orelhas e um nariz delgado e pontudo, desses que morrem sobre o lábio superior.

Além desses traços fisionômicos, eu lhe noto ainda a largura da boca, a vantagem do lábio inferior, o queixo comprido, largo e o pescoço que, apesar de extenso e das veias salientes que o ornam, é fino e se firma em uma base desproporcional.

Depois dessas observações, concluo que o nosso alguém é um tipo saturnino. É essa a impressão que me fica.

Estabelecido o tipo planetário da pessoa que observo, passo ao estudo quironomônico, ao exame da fisionomia da mão, o que faço para obter a confirmação do resultado já conhecido.

Se a feição geral da mão corresponder às indicações da fisionomia anotadas, temos como certo o tipo planetário previsto.

No caso cm que essa correspondência não seja perfeita, tomo em conta as modificações encontradas e darei às minhas conclusões a relatividade imposta de modo que os tipos planetários possam se apresentar perfeitos, quase perfeitos e imperfeitos.

Essa circunstância nos dá uma infinidade de tipos planetários de outras ordens, que se classificam como secundários. A variedade é infinita como infinitos são nos indivíduos a intensidade, a extensão e a multiplicidade das aptidões e dos gostos. A natureza, já observou alguém, tem horror à repetição. Modifica-se sempre.

Vamos admitir que, no exame quironomônico do nosso alguém, eu tenha encontrado uma mão larga, grande e magra, dura, quase óssea.

Os dedos compridos e duros se apóiam em uma base de extensão proporcional. Estará assim confirmado o tipo. Trata-se realmente de um saturnino.

Completo o exame vestibular, fiquei sabendo que o nosso alguém, sob as influências de Saturno, é um homem desconfiado, pessimista, independente, refratário à tutela, seja ela de que natureza for, econômico, quase avarento, paciente e sombrio. São esses os lados fundamentais do seu caráter.

Sei igualmente que o meu examinado, pelo tipo planetário que lhe conferi, é um homem possuído de tendências para os estudos metafísicos, gostando muito de discussões, a elas se entregando constantemente.

Nessa altura da minha observação, passo a examinar, à luz da Quiromancia, a mão esquerda do nosso alguém.

Mão Tipo Saturno

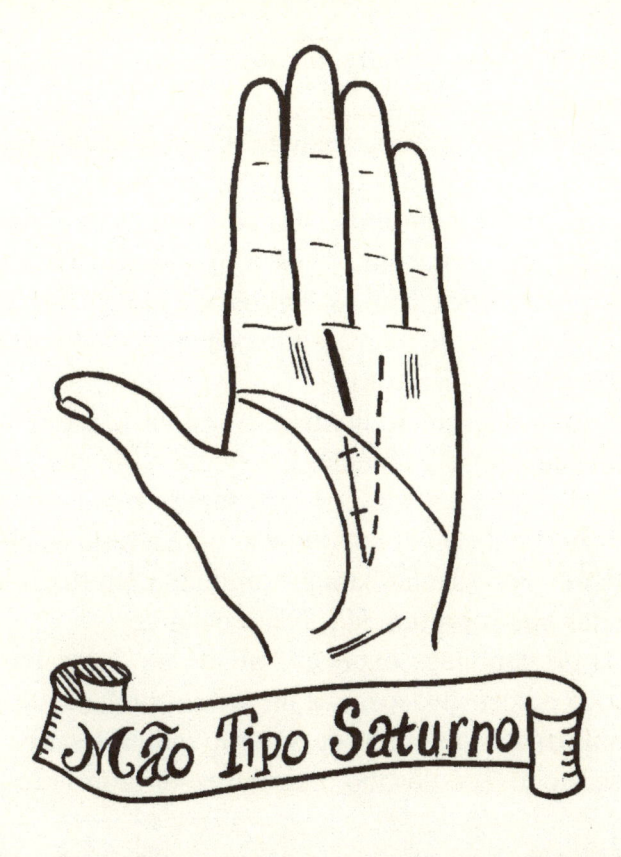

Pela verificação dos montes eu constato a conformação favorável de Júpiter e de Saturno. Vejo igualmente que a Lua, Vênus e Mercúrio não atuam de modo apreciável.

Noto em seguida que a Linha da Vida é larga, fina e pálida, afastando-se muito cedo da Linha Natural.

Vejo que a Linha Mental tem o mesmo aspecto da Linha da Vida, findando em ramos sobre o Monte de Júpiter.

A Linha da Cabeça do nosso alguém se prolonga um pouco e atravessa resoluta a Planície de Marte, morrendo nas fronteiras do Monte da Lua, o que a obriga a uma inclinação pronunciada.

A Saturnina é forte, mas se acha cortada por alguns pequenos traços e sofre um golpe rude no seu encontro com a Natural, a ponto de se desviar do curso que lhe é próprio.

Constato a falta da Linha Hepática na mão do nosso alguém e vejo que a de Apolo aparece aos pedaços, quase imperceptível.

Descubro traços horizontais nos Montes de Saturno e de Mercúrio.

Concluído esse exame, conjugo todos os elementos obtidos e apresento o meu estudo com as qualidades inerentes ao seu tipo planetário, acrescidas ou reforçadas pelo seu próprio destino.

Apesar da feição doentia, o nosso alguém tem a Linha da Vida extensa, o que significa, como sabemos, vida longa. Os saturninos, realmente, vivem muito, carregando pela estrada da existência os germes de moléstias perigosas.

É um teimoso o nosso homem. Acastela-se em seu ponto de vista e não cede, absolutamente. É o que nos revelam a saliência do Monte de Júpiter e a conformação superior do polegar.

Estas duas indicações combinadas com a Linha da Fatalidade nos autorizam a pressagiar para o examinado um futuro duvidoso e a perda das boas oportunidades para triunfar.

A sua desconfiança excessiva aliada ao excessivo rigor da vontade o faz perder situações que lhe seriam sumamente propícias.

A conformação da Linha de Saturno indica essas possibilidades. Desse modo, seu destino estará preso à própria organização mental.

A vida para o nosso alguém é um conflito permanente entre a fatalidade que o arrasta e a vontade que o manipula e o retém.

É um insensível ao amor. O Monte de Vênus, sem nenhum relevo, como se mostra, é expressivo neste particular.

Não conhece o afeto, as grandes amizades ou o devotamento. A Linha do Coração faz do nosso alguém um tipo isolado, calado e melancólico. É um pensador e um idealista extremado, mas introspectivo para o mundo. Seus planos morrem segregados no fundo da alma, fechada como é a todas as manifestações da vida exterior.

Completaria a leitura do destino do nosso alguém pelo exame dos signos por acaso existentes na sua mão e então lhe falaria do seu passado e, já lhe havendo exposto o presente, fácil seria tirar conclusões referentes ao porvir.

As Datas

Uma questão tão interessante como controversa, em Quiromancia, é a da determinação das datas no curso das linhas, seja para fixar a duração da existência, seja para estabelecer a época exata dos acontecimentos. As opiniões se dividem nesse particular.

Os quiromantes natos, aqueles que trazem na própria mão o signo de suas faculdades superiores, ficam equidistantes dos grupos em litígio nesta questão e, com pesar, constatam a desenvoltura dos pretendidos ocultistas e certas academias esotéricas que opinam sobre o assunto, ditando normas e estabelecendo processos que não podem absolutamente justificar. São igualmente contrários aos que, mal-avisados da sua ciência, negam as possibilidades do estabelecimento das épocas e das idades e aos que, de boa-fé ou por espírito de indústria, sustentam o seu método, "rigorosamente preciso", como afirmam, para se encontrar mediante as linhas da mão a data dos fatos, a época dos acontecimentos assinalados.

Guardam com justa razão um meio-termo e, confiados nas faculdades transcendentes que possuem, preferem deixar que, nos casos pertinentes ao problema de que me ocupo, fale alto a intuição.

Deve-se acompanhar a idade através do curso das linhas, relacionando as revelações encontradas aos fatos do presente.

Na Linha da Vida, por exemplo, parte-se do alto da mão para o punho. Na Linha da Cabeça toma-se como ponto de partida a sua junção com a Linha de Vênus, ou a Vital, seguindo-se o trajeto até a Planície de Marte, onde termina.

Quanto à Linha do Coração, porém, seu ponto de partida se localiza do lado oposto, na base do Monte de Mercúrio.

Nas Linhas de Mercúrio, Apolo e Saturno parte-se do lado do punho, procurando-se na parte inferior da mão o local onde tais linhas se iniciam.

Com esta orientação, não se está fazendo qualquer alusão ao passado ou ao futuro do consulente, mesmo sem saber sua idade, não é difícil, escutando-se a *voz interior*, prever a época dos acontecimentos.

Para evitar os vícios sempre possíveis às pessoas que desejarem adquirir conhecimentos de Quiromancia pela leitura desse livro, deixo de expor os diferentes processos aconselhados para se determinar a duração da vida e a data precisa dos fatos previstos nas linhas da mão. Sejam quais forem as críticas que me façam por essa omissão, não modificarei a minha conduta, enquanto a observação não nos colocar o problema em termos cientificamente irrecusáveis, o que não se dá atualmente.

O Passado

Como se determina o passado?

Tomemos um acontecimento assinalado na Linha da Vida, uma enfermidade, por exemplo.

Relaciona-se a posição ocupada pelo sinal na linha à idade da pessoa em exame e se conclui se o mesmo se refere ou não ao passado.

Certa vez, examinando a mão de um moço empregado no comércio do Rio, verifiquei em certa altura da Vital um seccionamento profundo.

O meu examinando era moço ainda, forte, bem disposto, sadio, musculoso e ágil, não me parecendo com aquela abundância de saúde evidente já haver passado pelas fronteiras da morte.

A indicação, assim, não se referia ao passado e, se pelo raciocínio feito, não me era possível justificar qualquer relação entre o sinal e um fato acontecido. De melhor modo, não se poderia tomá-lo no sentido do presente, pois tudo indicava, ao moço em questão, uma vida longa e sadia.

Pareceu-me também sem propósito emprestar ao sinal a revelação de um fato ainda envolto nas sombras do futuro, pois dada a posição dele na Linha da Vida e tendo-se em conta a meia-idade da pessoa que eu examinava, esse futuro seria muito próximo e, nesse caso, teria de lhe predizer uma moléstia gravíssima ou mesmo a morte, dentro de pouco tempo, senão dentro de poucos dias.

O caso era intrigante. Deixei de lado as deduções da lógica ditadas pela posição do sinal e apelei para a *voz interior*, confiando em que, mais uma vez, a "cruz e o triângulo" me dariam a solução do problema.

E a *voz interior* falou firme, clara, precisa e eu, dando-lhe a necessária interpretação, declarei ao meu examinando:

– O senhor escapou à morte, há pouco tempo, em um acidente terrível.

– Um naufrágio, em condições as mais perigosas, respondeu-me o moço e acrescentou gesticulando como se ainda estivesse nos embates do momento trágico: "A minha salvação foi um verdadeiro milagre".

O sinal, como vemos, relacionava-se a um passado recente. Toda dificuldade encontrada no caso veio naturalmente da minha própria posição em relação ao problema.

Ao verificar o seccionamento da Linha da Vida, deixei impressionar-me pela primeira sugestão. Aquele sinal na Linha da Vida, estava claro, revelava uma moléstia grave, uma terrível doença, certamente fatal. A ideia de um acidente não me ocorreu, ainda mais pelo fato de não ser a Vital o local próprio para as indicações de tal natureza.

Um caso semelhante ocorreu comigo, na Bahia, no decorrer do ano de 1935.

Para atender às solicitações que me foram feitas por várias pessoas hóspedes do hotel em que me encontrava, consenti em examinar a mão de uma senhora de 50 anos presumíveis e alquebrada por uma existência de lutas e de constantes enfermidades.

Contudo sua Linha da Vida era longa e todos os sinais lhe confirmavam vários anos ainda de existência.

A certa altura da Vital descobri um seccionamento profundo, nítido, como se houvesse sido operado naquele momento.

Não tive dúvida, informado da idade exata da senhora, em fixar em um passado recente, recentíssimo, o caso de morte de que se livrara.

É incontestável e isso resulta de uma conclusão lógica dos estudos mesmos de Quiromancia, que a extensão das linhas está relacionada à duração da existência.

O que nos falta ainda é uma base segura, científica, como nos convém, para determinar em linguagem precisa essa duração.

A lacuna que essa falta representa para a Quiromancia, porém, não tem importância capital nem lhe chega a roubar qualquer valor da primazia que lhe cabe inconteste entre as ciências adivinhatórias.

Não devemos esquecer nossa menoridade, a incapacidade em que ainda nos mantemos para receber a revelação completa da verdade.

Ísis vai pouco a pouco suspendendo o véu, rasgando aos nossos olhos maravilhados, as magnificências do grande domínio de seus mistérios. Quantas maravilhas ainda estão ocultas!

Mas se com o pouco que sabemos, se com a pequena porção de coisas que nos foram reveladas, já nos adiantamos tanto, a ponto de querermos proclamar a solução do grande enigma, o que não faríamos nós, nos arroubos do nosso entusiasmo, deslumbrados e embriagados, se a deusa num gesto de impaciência sacudisse de vez para um lado seu clássico véu e nos deixasse matar a sede de nossa curiosidade ilimitada na livre contemplação de tudo o que constitui o mundo, que ela tão cuidadosamente oculta aos nossos olhos e subtrai ao nosso entendimento? As grandes verdades são reveladas a seu tempo e nos momentos oportunos.

A revelação será gradualmente feita à medida do nosso progresso e do aperfeiçoamento moral.

O conhecimento de certas leis e de certas forças em curso no Universo, neste instante, seria uma temeridade e dessa antecipação teríamos naturalmente consequências as mais lamentáveis.

Imaginemos por um instante para que fins criminosos seria conduzida a Quiromancia se se pudesse com absoluto acerto fixar o termo da existência!

Má como é, por índole, a maioria da humanidade interesseira, movida por uma ambição ilimitada, que partido não tirariam os criminosos do prévio conhecimento da morte de uma pessoa sobre cujos bens recaíssem os olhos da sua cobiça?

O Presente

Os signos do presente são claros, fortes, insofismáveis nas linhas da mão, resultando desse modo simples na determinação do caráter, das paixões, das tendências e dos sentimentos, para quem estiver seguro dos ensinamentos que a Quiromancia nos oferece.

É impossível confundir um tímido com uma pessoa ousada; um homem frio, insensível, com outro sensual, apaixonado e ardente. As linhas das mãos dessas pessoas, os signos e os montes diferem profundamente.

Para melhor ilustração das pessoas que desejarem tirar proveito desses estudos, vou dar em síntese os elementos que, no exame da mão, determinam esta ou aquela forma do caráter.

No exame da formação moral de uma pessoa não se deve perder de vista o ensinamento da Quironomonia. Em muitos casos, uma simples análise dessa natureza é o bastante para determinar os traços fundamentais de uma personalidade.

O Orgulho

Figuremos a mão de um orgulhoso, por exemplo. Pela análise quironomônica constatamos uns dedos longos e nodosos. A terceira falange do polegar muito longa demonstra a confiança exagerada que tem em si mesmo e o desprezo pelo restante do mundo.

O exame quiromântico confirmará plenamente essa impressão, pois encontramos um Monte de Júpiter muito desenvolvido, um tanto excessivo.

Verificamos igualmente uma linha partindo da Linha da Vida em direção a Júpiter, onde morre formando uma estrela, particularidade que dá ao orgulhoso força bastante para se entregar a todas as exigências da sua vaidade doentia.

Às vezes o Monte de Apolo se apresenta coberto de linhas curtas. Na mão do orgulhoso isso significa desejos inúteis pela falta de meios para satisfazê-los.

O orgulhoso, de comum, tem a testa pendente para a frente, em uma posição de desafio.

A Avareza

A mão do avarento é seca e dura, os dedos são longos e magros, cheios de nós e quadrados. Fecham-se naturalmente.

A Linha da Cabeça desce bastante sobre o Monte de Marte e a Linha do Coração é curta e sem ramos na extremidade superior.

O Monte de Vênus não tem relevo, é baixo, quase nulo, mas Saturno se mostra favorável. Riscos nesse monte predispõe o avarento à rapina.

A Devassidão

A devassidão se manifesta por meio de uns dedos curtos, roliços e cheios, mais largos na base e, de algum modo, pontudos. A mão do devasso é grossa, mole e lisa.

É curta a falange superior do polegar, mostrando a volúpia das ideias. A falange média indica, por sua pequena extensão, uma lógica precária.

O Monte de Vênus, nas pessoas dominadas por uma irrefreada sensualidade, tem um relevo extraordinário, é proeminente e intensamente riscado em forma de grade.

Se houver na mão um Anel de Vênus, o devasso será desenfreado na sua sensualidade.

A Cólera

Patenteia-se a cólera por outros signos.
A mão do colérico é curta e dura, os dedos são espatulados e lisos.
A Linha da Vida, larga e sanguínea, revela a facilidade com que a natureza animal emerge e domina o espírito e a razão.
O Monte de Marte se eleva acima do normal, é raiado e, em alguns casos, se mostra ornado por uma cruz.

A Preguiça

Os preguiçosos são portadores de uma mão mole, pequena e gorda. As falanges do polegar são curtas e a Linha da Cabeça mal atinge a Planície de Marte.
É completa a ausência de qualquer monte favorável, a não ser o de Vênus. Em geral os preguiçosos são sensuais.

A Inveja

Como os indivíduos que têm a alma retalhada pela vaidade, os invejosos têm as mãos longas e secas, os dedos ossudos e o polegar grande e forte.
A Linha do Coração é quase insensível na mão dos indivíduos portadores de um caráter fundamentado em um sentimento de ilimitada inveja.
Júpiter lhe é favorável e, se Apolo estiver coberto de linhas, o invejoso alimentará fortes desejos de glórias e de celebridade.
Com um Monte de Mercúrio elevado o invejoso pode ser levado ao roubo.
É preciso distinguir o caráter do invejoso do daquele que mantém vigoroso o sentimento da ambição. Um é teórico, não sai do terreno da idealização. O outro, não. O ambicioso vai à prática e procura alcançar o objeto de sua cobiça.
O ambicioso tem a mão seca, operante e ágil. Os dedos são roliços ou espatulados, Apolo e Mercúrio favoráveis e o Monte da Lua em função negativa.

A Linha da Vida lança ramos sobre o Monte de Júpiter que deve ser pródigo.

A Corrupção

As pessoas de sentimentos e costumes corrompidos têm a Saturnina deformada. Além de tortuosa a Linha do Destino é fraca no centro da mão, aparecendo, às vezes, em duplicata.

Júpiter não é favorável, Vênus reina soberana e Mercúrio, seguindo o exemplo de Apolo, se conserva neutro.

A Grosseria, a Violência, o Crime

Os indivíduos grosseiros, violentos, têm uma Linha da Vida cavada, roxa, em correspondência com as unhas. A mão é seca e a Lua insensível, o que denota falta de imaginação.

Os criminosos apresentam a mão malfeita, elementar. Os dedos são grosseiros, o polegar é roliço, confirmando a Saturnina e o Monte de Vênus essas indicações.

São diferentes os signos que nos falam das qualidades apreciáveis de um caráter elevado, limpo e puro. Eles se exprimem em uma linguagem de infinita doçura.

Uma pessoa boa, servida de sentimentos nobres e propensa ao perdão, ao esquecimento das ofensas, tem os dedos inspirados, a mão cheia, sem ser mole. A Linha do Coração é profunda e colorida. Júpiter é desfavorável, mas o Monte da Lua se eleva magnificamente.

As demais linhas combinam com a do Coração.

O amor material nos dá um Monte da Lua elevado, assegurando farta imaginação para o requinte dos prazeres. A Linha do Coração é fraca e malformada, anunciando falência de sentimentos bons, pois o indivíduo age açoitado violentamente pelo vício. A Linha da Vida não tem nobreza.

Tais são, em tese, as indicações do presente. A atualidade está escrita na nossa mão em letras visíveis, nítidas. Os traços e as linhas são profundos nos casos em que as qualidades se acentuam e indecisos quando afirmam os predicados negativos.

Em relação ao passado, as linhas vão morrendo sob a ação do tempo e da ausência dos fluidos que já não circulam.

Quanto ao futuro, esses traços e essas linhas se firmam pouco e pouco, desenham-se progressivamente, tomando forma até o instante em que o porvir, atualizando-se, caia no presente, tornando-se uma realidade.

O Futuro

O conhecimento do passado e do presente, segundo a teoria da relatividade, seria o bastante para nos revelar o futuro, pois o porvir, na linguagem dessa filosofia, nada mais é do que o produto desses dois fatores.

Mas não sabemos ainda concluir ou operar com a matemática do tempo. Recorremos, por isso, às tabuas de cálculos, aos logaritmos que nos simplificam admiravelmente as operações.

As linhas da mão são uma tábua excelente para se calcular o futuro. Tomemos os elementos que elas nos oferecem para essa sondagem atraente dos arcanos, na antevisão dos acontecimentos ainda em elaboração no enorme cadinho do tempo.

Durante a minha última viagem ao norte do país, eu tive oportunidade de fazer observações de alto valor quiromântico, examinando a mão de pessoas de condições e de caráter as mais diversas.

Entre essas pessoas, destacarei uma senhorita de 15 anos presumíveis, de fisionomia alegre, olhos meigos, cabelos pretos anelados, de estatura mediana e tendo, além de um tom de voz agradável, uma expressão de muita comunicabilidade. O seu todo materializava uma forma simpática.

Inicialmente pelos elementos de sua fisionomia que me eram oferecidos, concluí que se tratava de uma pessoa inspirada, amorosa, possuída de sentimentos estéticos apreciáveis.

A mão era bem-feita, proporcional, os dedos finos, lisos terminando em ponta.

O exame quiromântico deveria confirmar em toda a linha, essa impressão inicial.

Constatei, realmente, um Monte de Vênus elevado em bela forma e sulcado de linhas. O Monte da Lua estava em posição favorável, o que me garantia uma imaginação prodigiosa.

O Monte de Júpiter era médio e o de Apolo tinha o necessário relevo. As linhas em geral apresentavam um aspecto saudável, eram boas. A do Coração estava bem distendida e forte, a da Vida era longa e a Natural, apesar de bem impressa, tinha um curso reduzido.

A Saturnina não se destacava em seu percurso até encontrar a Linha da Cabeça que a seccionava com violência, mas continuava para Júpiter com uma visível disposição de vencer.

No ponto de intersecção da Saturnina com a Linha da Cabeça, justamente onde se dava o seccionamento, descobri, com o auxílio da lente, uma pequena ilha.

No Monte de Júpiter, em posição horizontal vi uma cruz.

Adúltera provável.

    Relacionei todos esses signos, os únicos valiosos na mão da senhorita a que me refiro e lhe disse: "A senhora casará muito cedo, pois é expressivo, nesse sentido, o primeiro dos dois traços existentes no local onde se situam as linhas de União e dos Casamentos".

    A cruz existente no Monte de Júpiter prova que esse casamento anunciado para muito breve será um casamento de amor. A senhorita é realmente uma criatura sensível ao amor, tem uma natureza apaixonada e viva e reúne encantos naturais suficientes para atrair a atenção de um homem de bom gosto.

O Monte da Lua e o de Vênus lhe revelam essas disposições e o de Apolo diz que seu futuro esposo, eleito de seu coração, não será um homem destituído de bons sentimentos, pois as qualidades se atraem na razão direta da intensidade própria.

Viverá feliz ao lado do seu esposo durante largo tempo e provavelmente terá filhos. Vênus é favorável à procriação.

Mas essa felicidade conjugal não irá ao fim. Depois de anos de uma existência em comum, a senhora começará a sentir um vácuo na sua vida e verá que foi enganada no seu coração.

O homem eleito do seu amor, aquele que a senhora julgava lhe bastar para toda a vida, já não a satisfaz.

Seus carinhos tomam a feição enfadonha da mesmice e a senhora, então, começará a procurar o futuro no desconhecido, uma coisa cuja significação ainda não poderá ser precisa.

Pouco a pouco será cavado entre a senhora e o seu esposo um verdadeiro abismo. Os defeitos recíprocos serão revelados aos olhos agora bem abertos de ambos pela força de uma chocante realidade.

Os sofrimentos morais da senhora serão profundos nessa fase de sua vida. Esses sofrimentos, porém, terão um fim. Vênus a protege e essa proteção é muito positiva para deixá-la assim, sem aquilo que é a principal razão de ser da sua vida.

A senhora será tomada de paixão por outro homem, julgando-o talvez com acerto, capaz de lhe restituir a felicidade perdida.

Essa ilha da Linha da Fatalidade revela um adultério e esse adultério será calculado, pois intervém no caso à Linha da Cabeça, modificando-lhe o destino.

Virão as consequências naturais a um fato de tal ordem entre casais educados e de sentimento. Acontecerá a separação e a senhora, livre por fim, se unirá àquele que se constitui em objeto do seu novo amor.

Por essa época, o segundo traço existente na percussão da mão, abaixo do Monte de Mercúrio, estará tão forte como forte está, no momento, o primeiro.

Adúltera por fatalidade

A conjugação dos signos com a significação das linhas e dos montes resultará fácil, como se viu, desde que se tenha um conhecimento exato dos seus valores absolutos e relativos.

Essa mesma senhorita, cujos destinos revelei de modo tão preciso, não teria uma segunda união se além da cruz existente no Monte de Júpiter houvesse outra, semelhante, no Monte de Vênus. Isso significaria amor único. Em tal caso não haveria o segundo traço indicando outra união.

Com essas modificações nos signos de sua mão, ela passaria a ser uma adúltera por fatalidade, mas guardaria casto e puro seu amor pelo restante da vida. Seria uma destas infelizes mulheres incompreendidas que arrastam a existência de feridas por um destino impiedoso, carregando a cruz de suas provações e angústias, fiéis ao seu grande amor, alimentando-se de uma esperança cada vez mais fugaz de ainda desfrutar a felicidade da vida em comum com o homem que, tendo abandonado-a, continua a ser, contudo, sua paixão ardente. Quantos casos dessa natureza encontramos no mundo?

Os casamentos, em geral, são malfeitos. Os noivos se deixam arrastar pelo fogo das paixões puramente materiais sem medir a distância que os separa em relação aos sentimentos e aos gostos.

Somente depois de saciados os desejos na volúpia, da posse do objeto ambicionado, vem a reflexão e, com ela, o conhecimento dos defeitos recíprocos.

As tragédias conjugais, as desuniões clamorosas, os desquites vergonhosos e as separações violentas, os crimes praticados por desconfiança ou por adultério comprovado, toda essa sequência de fatos criminosos que ferem a fundo a constituição e a segurança da família moderna tem a sua causa na precipitação com que os indivíduos de sexos diferentes se atiram uns aos outros, sem atentar às terríveis consequências da leviandade com que resolvem um problema de tanta gravidade e magnitude.

Indicações Quiromânticas

"A forma do pensamento se reflete na forma do corpo. A alma se reflete na sua estrutura."
(Charles Richet)

  Em se tratando de uma obra elementar de Quiromancia, este livro não pode prescindir de um capítulo especial de indicações quirománticas destinadas a facilitar e a guiar os primeiros passos de quem, após a leitura, quiser se exercitar na arte, sobremodo curiosa, da leitura do destino por meio das linhas das mãos.
  É ainda em obediência ao princípio que me vem guiando no preparo destas lições, ao propósito de dar a este livro uma feição puramente didática em relação à Quiromancia, que vou arrolar aqui o maior número possível de indicações práticas e que sirvam, ao mesmo tempo, como síntese do que já se aprendeu, e como elementos comprovadores dos exercícios que se possa fazer.
  As pessoas que se iniciam nos estudos da ciência da mão se tomam do calor próprio dos iniciantes e, de lente em punho, fazem uma verdadeira devassa na vida das pessoas mais íntimas, família e amigos. É um bom passatempo esse inofensivo e proveitoso exercício, pois em ciências ocultas, sem uma longa prática, de nada valem as teorias. Comigo aconteceu assim.

A primeira mão que examinei foi a minha e como já me conhecia bem, a bons vinte e muitos anos, foi fácil relacionar as linhas e os acidentes, as curvas e os obstáculos da minha Saturnina às etapas diversas do meu caprichoso destino.

Se a Quiromancia houvesse falhado inteiramente em todos os casos em que tenho invocado a suas conclusões, durante tantos anos de prática, nem por isso teria perdido para mim a importância absoluta que lhe dou, isso porque, no meu caso pessoal, o triunfo foi absoluto, estupendo e verdadeiro.

Eu pertenço a um reduzido grupo de pessoas que pode dizer sem reservas: somos um produto dos nossos próprios esforços.

Avesso a toda e qualquer exaltação, mas sem pouca modéstia e até mesmo com uma certa arrogância: nasci, vivi e venci, pois que era essa uma condição da minha vida, expressa com eloquência, nas linhas da minha mão.

Tenho uma mão proporcional, bem formada e cheia, sendo forte o colorido das linhas e muito nítido o respectivo traçado. É perfeita para uma análise quiromântica.

Os montes, com exceção do da Lua e do de Vênus, são desfavoráveis (sem elevação) e as linhas com as qualidades já apontadas não se afastam do rumo nem se excedem dos limites que lhes são normalmente conferidos.

A Linha da Vida desce com a da Cabeça até a altura do extremo superior da do Coração (infância prolongada) e a Hepática aparece apenas na parte superior do Monte da Lua, sendo reduzido, assim, o seu percurso.

A Saturnina é curiosa pelo seu traçado. Nasce sobre o Monte da Lua (proteção invisível) e segue em boa forma até encontrar a Linha da Cabeça (20 anos). Todo o trajeto dentro do quandrângulo (dos 20 aos 40) é mais forte, não obstante os cortes que lhe entravam o desenvolvimento. Nessas etapas do seu curso, forma a Saturnina com uma pequena linha transversal ligada à da Cabeça uma cruz perfeita, a mais bem traçada que jamais havia visto numa mão. Seguindo a tradição, é esta a cruz mística de Santo André e

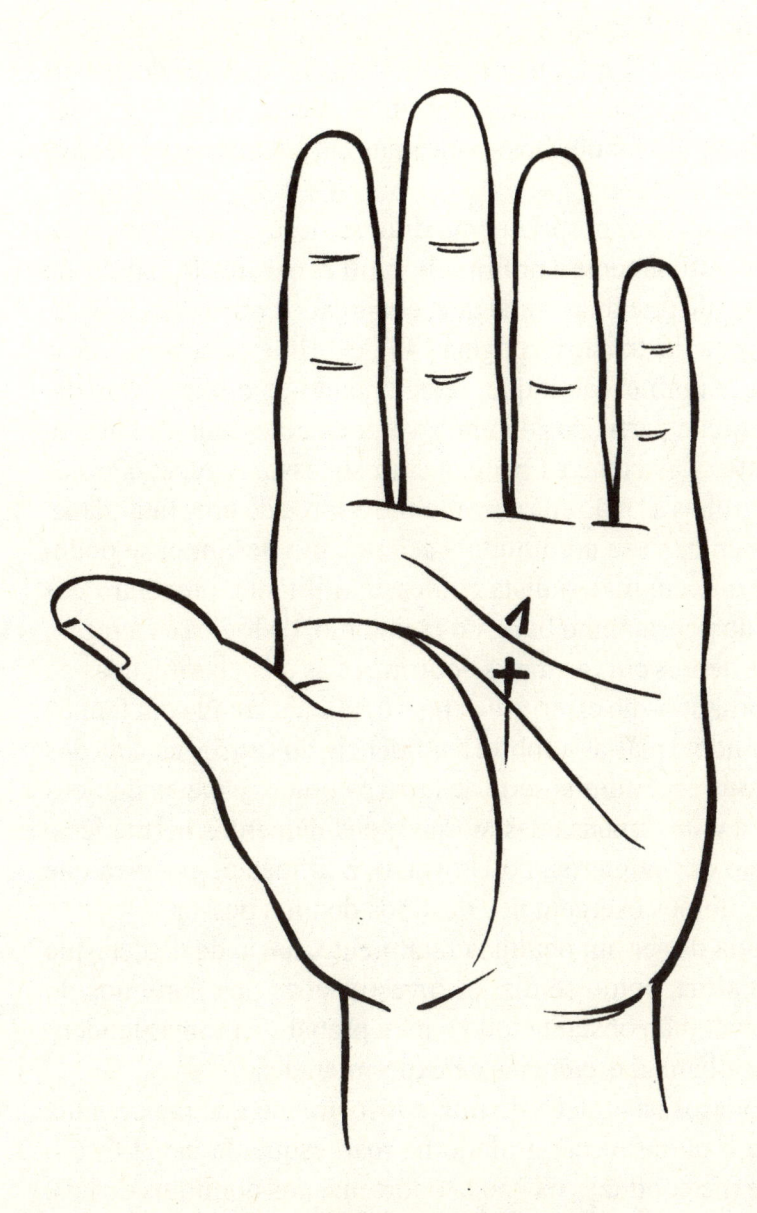

A Mão Esquerda do Autor

significa faculdades espirituais (mediunidade) e marca o caráter fatalístico de um destino.

Não tenho a Linha de Apolo (fortuna), o Anel de Vênus (lasciva), cruzes, estrelas, quadrados, ilhas, barras, seja nos montes ou nas linhas, alterando-lhes, para mais ou menos, a respectiva significação.

Um único sinal, propriamente dito, se destaca na minha mão esquerda, positivamente confirmado na direita: um triângulo no Monte de Apolo (ciência); sinal que, conjugado com a cruz do quadrângulo (ver a ilustração na página 145), exprime ciências místicas (ocultismo), significação a que, relacionando-se o relevo tomado pela Saturnina a partir dos 45 anos, se pode acrescentar êxito, ou seja, a prática das ciências ocultas com sucesso. A repetição dos signos em ambas as mãos dá ao vaticínio a força de uma fatalidade.

Realmente, só se admitindo a ação de um desígnio, se poderia admitir que eu, materialista confesso, militante, pregoeiro das vantagens do pensamento livre, do raciocínio, da lógica e da razão, viesse anos depois curvar-me às doutrinas e às ciências místicas do passado, tornando-me espírita e depois ocultista, crendo em fantasmas, admitindo o mal-assombro, a influência dos astros na vida dos homens e toda essa infinita série de fatos psíquicos e metapsíquicos que fazem a gama imensa das teorias e ensinamentos herméticos, desde a ação dos números, no Universo, à influência positiva que os próprios nomes exercem nos destinos de uma pessoa.

Eu havia de ser um ocultista fatalmente, havia de dedicar-me de corpo e alma, como se diz, às investigações nos domínios do supra-sensível, não obstante todo o meu preparo e minhas tendências para as chamadas ciências de experimentação.

Era poderosa a atração do misterioso arcano que me presidia o destino e o número sete grafado na mão esquerda havia forçosamente de me conduzir, na época oportuna, aos domínios de Ísis, onde me seria reservado um lugar no carro do seu triunfo.

Foi o que se deu!

Na leitura da minha mão, os acertos da Quiromancia alcançaram a expressiva média de cem por cento, tanto em relação aos aspectos de vida pública como no que diz respeito aos fatos e acontecimentos mais íntimos da minha vida privada.

A angústia do espaço que o traçado deste livro me oferece, priva-me de apresentar aos leitores a série numerosa de exemplos que eu tenho obtido na minha prática quiromântica, as previsões sensacionais, as revelações surpreendentes, os vaticínios que se realizaram pouco depois de levantados, com uma precisão espantosa.

Contudo, sem por em cena as pessoas, o que seria irreverente, relacionarei a seguir algumas das minhas mais interessantes revelações nos domínios da Quiromancia.

Adultério

Como vimos, o sinal mais positivo do adultério é a ilha quando aparece na Linha do Destino. Aliás, Desbarolles que é o mestre de todos nós, como o afirmou Papus, assinala o adultério colocando a ilha no Monte de Vênus, ligada a uma linha que deve cortar a Vital.

Essa dualidade de posição do sinal não invalida os ensinamentos da Quiromancia. Tenho examinado mãos de adúlteras em que não se constata qualquer ilha. Não obstante, levado por indicações de outra natureza (temperamento, sensualidade, vontade frágil e ausência de amor-próprio), lhes revelei a qualidade.

Contudo, a ilha, na Linha do Destino, é o elemento mais seguro relativamente ao adultério.

Lembro-me de uma senhora viúva, de 45 a 48 anos, mãe de numerosa família, residente em São Paulo, onde movimentava, em atividades diversas, os apreciáveis recursos econômicos que o marido lhe deixara.

Sadia e vigorosa, de um temperamento ardente, sem prejuízo dos recalques que seus olhos exteriorizavam, essa senhora ofereceu-me um dia as suas mãos para exame.

Depois de lhe descrever o passado, de lhe expor o presente e de prever o futuro, abordei o lado sentimental da sua personalidade, focalizando casos de amores e os devaneios da segunda idade.

Subi na apreciação da Linha do Destino. Falei-lhe do casamento, da viuvez e do adultério prático, pois havia descoberto uma ilha dentro do quadrângulo.

Embora tangenciando como possível a questão, a minha examinada confirmou o acerto da revelação. Uma única vez, mas havia manchado o pacto conjugal.

Ainda segundo Desbarolles, a ilha sobre a Saturnina indica adultério em pensamento. Os antigos quiromantes viam-no numa ilha sobre a Linha do Coração.

Separação e Rompimento

É muito fácil determinar os casos de separação ou de rompimento em amor.

Segundo a tradição e os ensinamentos modernos, uma estrela na Linha de Apolo constitui o melhor elemento indicador de acontecimentos de tal natureza, apesar de haver linhas de união no sentido vertical, visto que somente as horizontais significam uma vida em comum duradoura.

Tal estrela se liga a uma linha indicando a idade em que o vaticínio se realizará ou em que se realizou, conforme o caso.

Encontrei nas mãos de uma senhorita da alta sociedade de Recife um caso assim:

Aos 17 anos, tomou-se de amores por um senhor de condição social igual à sua, avançado já em idade.

Inexperiente e amorosa, foi facilmente seduzida, sendo abandonada logo depois.

Os sinais desse abandono eram e são ainda bem visíveis na sua mão. A estrela na Linha de Apolo estava colocada em um sítio correspondente à fase em que, na Saturnina, se marcam os 18 anos de idade.

As linhas de união, duas apenas, eram muito fracas e a primeira estava cortada por um traço que lhe caía de forma perpendicular.

O traçado da mão em geral revelava um destino áspero, uma vida de sofrimentos morais, desgostos profundos e contrariedades mortificantes, não obstante a nobreza dos sentimentos e a elevação do seu espírito generoso.

Fatalidade no Amor

Um amor fatal, desses que são determinados pelas heranças que eu ousarei chamar de secretas, é revelado na mão de modo inteligível.

Do Monte de Vênus, segundo Desbarolles, parte uma linha forte, cavada, que atravessa a Vital avançando resolutamente para o ponto em que se pode determinar seu objetivo.

Vi nas mãos de uma atriz de variedades, no Rio de Janeiro, um sinal característico de amor fatal. Era natural de São Paulo e fora criada em uma localidade do interior, onde conhecera um cavalheiro por quem se apaixonara perdidamente.

Contra a vontade dos pais, casou-se com o homem de sua escolha e fora infeliz.

Na ocasião em que lhe examinei a mão, achava-se a referida senhora em sérias dificuldades econômicas, enferma e apreensiva sobre o futuro de sua única filhinha de nove anos, produto do amor infeliz da sua mocidade.

Quando lhe revelei o passado, a história cruel de seu primeiro amor e do casamento impensado que realizara, grossas lágrimas rolaram por suas faces, onde os anos e os padecimentos morais já haviam cavado sulcos profundos.

– Esse amor e esse casamento nem eu mesmo os posso explicar. Nenhuma afinidade podia existir entre nós, nem de temperamento, nem de aspirações. Éramos de índole inteiramente diversa. Foi uma fatalidade!

Realmente, em ambas as mãos da minha examinada, além da linha assinalada acima e que morria sobre o Monte de Apolo, havia uma única linha de união, vertical, estrangulada por uma barra na direção de Mercúrio. É que o seu marido, depois da separação, havia sido processado por crime de estelionato.

Os sinais, como se vê, eram de uma eloquência extraordinária.

Exílio

Meses antes da vitória do movimento revolucionário de outubro de 1930, desempenhava eu, no Rio de Janeiro, o lugar de correspondente de jornais do interior do país, função que me punha em contato direto com políticos em evidência.

Entre os figurões do regime deposto, havia um senador que me dispensava particular atenção, mesmo por força de interesses seus a mim confiados.

Ao examinar, um dia, a sua mão, lhe vaticinei uma próxima mudança de posição e exílio, pois, no Monte da Lua, me aparecia bem nítida a linha que nos indica uma viagem forçada.

A previsão realizou-se meses depois. O meu examinado, além de ser forçado pelo novo governo a viver no exterior, perdeu com a posição política, os rendosos negócios que a situação reinante lhe proporcionava.

O câmbio na sua vida estava assinalado na Linha do Destino, que na altura dos 48 anos sofria um estrangulamento violento, caindo num plano inferior.

Gravidez

A muitas pessoas poderá parecer curioso que as linhas da mão, marcando as etapas da vida, cheguem até ao detalhe de acontecimentos com as minúcias que apresento. Isso, porém, é uma verdade.

Uma senhora de nacionalidade portuguesa, residente no Rio, moça ainda, foi-me apresentada certa vez afim de que lhe examinasse a mão.

Entre outras coisas, ao lhe descrever o futuro, predisse um segundo filho, pois tendo duas linhas indicadoras da procriação, somente a primeira apresentava a feição de um acontecimento realizado.

A minha examinada riu com ceticismo e com alguma razão, pois estava desquitada e tudo indicava, pelos seus antecedentes e rigor dos hábitos da família, que não seria possível uma reconciliação com o esposo e muito menos uma ligação ilícita.

O meu prognóstico, pois, resultaria impossível.

Menos de um ano depois, fui novamente solicitado a examinar as mãos da aludida senhora, já agora, para lhe dizer algo sobre a saúde.

Além de um progressivo empobrecimento de energias, a minha consulente andava por uma inexplicável suspensão, manifesta há dois meses, sem que motivos ponderáveis pudessem justificá-la.

Findo o exame das mãos, eu lhe disse com a franqueza que a situação requeria:

– Noto fraqueza pulmonar do lado esquerdo e... gravidez!

– Gravidez?! – questionou a examinada, simulando uma estupefação que mal ocultava a sua revolta pela indiscrição desconcertante da Quiromancia.

Como pude chegar a esse resultado? Examinei com cuidado as mãos da senhora, partindo do princípio anteriormente aceito: as duas linhas indicando a geração de dois filhos. Essa indicação foi valorizada pela suspensão de que a consulente era vítima. O pressuposto fora real, verdadeiro. O Monte de Vênus estava endurecido e intensamente riscado e a feição de todas as linhas denotava uma certa excitação nervosa.

O Monte de Apolo estava fortemente colorido, anunciando uma sensibilidade aguçada.

Ora, todos esses sintomas autorizavam a proclamação do vaticínio anteriormente previsto para um futuro no momento atualizado.

O diagnóstico médico confirmou, dias depois, minhas afirmações.

Heranças

Segundo os mais renomados quiromantes do século retrasado, as heranças se anunciam por uma ou mais linhas que, partindo da extremidade superior do Monte de Vênus, procuram a Vital, tomando às vezes um sentido paralelo. Pela tradição é uma estrela nas Linhas do Punho que nos anuncia os legados.

No ano de 1935, travei relações de amizade com uma família nortista há muito domiciliada aqui no Rio.

Entre as muitas pessoas de que a mesma se compunha, havia uma senhora de acanhado físico, esquisita e nervosa, qualidades e estados que me levaram a lhe dispensar particular atenção.

No exame que procedi nas suas mãos, procurando determinar a causa ou causas da enfermidade nervosa que a perseguia, descobri uma herança muito provável para dentro de poucos dias.

Formulei o meu prognóstico ante a família reunida. Todos riram com prazer.

– Só por milagre, disseram, poderia cumprir-se a "profecia". A pobre senhora era só no mundo, pobre e doente, e vivia de favor, em casa de conterrâneos apiedados dos seus sofrimentos.

Não tinha absolutamente de quem herdar. Órfã de pai e mãe, não sabia de nenhum ascendente, especialmente rico e não existiam descendentes, pois não se casara.

De toda família só lhe restava um irmão, em Recife, humilde jornaleiro, cujo salário não lhe chegava para a própria manutenção, tanto que vivia na companhia de uma senhora que se servia de seus préstimos como carregador.

Passaram-se os dias! Certa manhã, o carteiro deixou na residência da família mencionada uma carta procedente de Pernambuco destinada à mulher desvalida. Quem a enviara era a senhora em cuja companhia vivia o irmão da pobre enferma.

O mano João, dizia a missiva, havia morrido num acidente quando trabalhava em uma construção como ajudante de pedreiro.

A companhia construtora fora intimada pelo promotor público a indenizar os herdeiros, de acordo com a lei de acidentes de trabalho. Não sabendo de outro herdeiro que não fosse ela, vinha avisá-la quanto antes para habilitar-se ao que era legalmente seu.

O vaticínio julgado impossível se realizara!

CRIMES

Os indivíduos predispostos para o crime são facilmente identificados pela Quiromancia. O polegar é a maior expressão, nesse particular.

Mostra-me o teu polegar e eu te direi quem és, poderia dizer, parodiando o velho adágio acerca das companhias.

A tradição vê o crime ou pelo menos a tendência criminosa:

a) Em pontos negros, fortes sobre a Linha da Vida.

b) Nos mesmos pontos sobre outras linhas, o que daria a natureza do crime.

c) Em linhas tortuosas ou estranguladas no punho.

A Quiromancia moderna, porém, reformou por completo esses antigos postulados.

A conformação do polegar e mais especialmente a da falange superior (falangeta) é o melhor índice a respeito dos temperamentos arrebatados, impulsivos, das índoles más, das consciências tenebrosas, dos instintos irrefreados e violentos.

Como já disse, em se tratando da grosseria e da violência, o polegar do criminoso é mal-acabado e roliço. Notam-se na falange superior pontos e cortes em direções diversas.

A mão deve ser elementar, confirmando os prognósticos dados pela Saturnina e pelo Monte de Vênus.

Certo dia, eu viajava em um dos ônibus que fazem o serviço de transporte no Rio, entre o subúrbio da Penha e o centro da cidade, e tinha a atenção voltada para a maneira brusca pela qual o chofer tratava os passageiros.

– Esse homem deve ser muito mau, um bruto rancoroso, dizia comigo mesmo.

Ao deixar o veículo na cidade, fingi precisar de troco e assim, durante a operação, pude observar embora superficialmente o polegar do aludido motorista.

Era, por certo, um tarado. O polegar não tinha harmonia e a falange superior era curta e espatulada, cortada, em horizontal, por traços profundos.

Deixei o veículo certo de haver enfrentado um criminoso.

Poucos dias depois, tive ocasião de ler em um vespertino, um crime brutal ocorrido em São Cristóvão. Dois ônibus da zona da Leopoldina iam lado a lado, em louca disparada. Os choferes apostavam e da disputa resultou forte discussão entre ambos. O desfecho do confronto fora trágico. Parados os veículos, um dos disputantes abateu friamente o contendor com três tiros certeiros, em um requinte impressionante de crueldade.

Pela fotografia do assassino estampada no jornal em que li a notícia, verifiquei tratar-se do mesmo chofer em cujo polegar, dias antes, eu vira os signos reveladores da criminalidade.

Conclusão

Chego ao fim do plano traçado para este livro com a convicção de haver exposto a matéria que o constitui com a clareza necessária, sem me afastar demasiado do método adotado desde as primeiras páginas.

Contudo, a mim mesmo me pareceram necessárias algumas explicações sobre determinados pontos e aspectos da obra que empreendi.

As ciências adivinhatórias gozam de uma fama que as diminui muito, pois apesar do conceito inteiramente científico que lhes é dado hoje, o público, apegado ao seu primitivo aspecto, teima em vê-las sob um prisma miraculoso.

No cenário da vida atual já não cabe a concepção absurda do milagre. A idade da razão se iniciou há muito. A experimentação científica é o nosso rumo no descobrimento da verdade e tudo quanto fugir ao rigor das provas não nos merece qualquer atenção.

Infelizmente, a maioria das pessoas se fecha nos estreitos limites das concepções em uso. Ninguém quer perder tempo em refletir sobre os problemas transcendentes. É muito melhor e fácil tomar-se o pensamento alheio e, modificado ou não, apresentá-lo como nosso. A preguiça mental é um mal que se generaliza.

Muita gente recusa admitir qualquer caráter científico ao ocultismo, porque, como alegam, os seus processos escapam a qualquer experimentação.

Eu justifico em parte esses escrúpulos porque também os tenho e, mesmo neste livro, eu os sustento como uma necessidade imperiosa a toda investigação sadia.

Diferentemente dessa grande maioria que afirma ou age por imitação, apenas eu me dispus a examinar até onde poderiam ir minhas justas reservas e foi com prazer que descobri meu excesso.

As ciências ocultas também se positivam pela experimentação. Apenas elas escapam aos métodos e aos processos científicos usuais.

A despeito do materialismo reinante e do individualismo do nosso século, não desapareceu de todo o espírito especulativo no terreno da metafísica e esse espírito, apesar de tudo, está se derramando animadoramente, sujeito, embora às transformações ou modificações impostas para a sua aceitação.

Como um exemplo insofismável da expansão desse espírito nas sociedades modernas, poderemos apresentar o desenvolvimento que se opera em toda parte dos institutos de pesquisas educacionais, destinados a determinar as tendências e vocações dos educandos primários, com o fim muito humano de serem eles encaminhados às profissões para as quais reúnem disposições inatas especiais.

Já hoje, como resultado dessas pesquisas, estão sendo destinados aos cursos médicos, de engenharia, direito e comércio, jovens naturalmente inclinados a tais estudos.

Com essa prática se dá um golpe de morte nos velhos costumes, no tradicional princípio que atribuía aos pais a escolha da carreira do filho.

Quantos médicos de renome o mundo não perdeu em troca de advogados sem mérito, somente porque, sugestionados por um prepotente qualquer, moços desapercebidos preferiram estudar Direito, no que fracassaram de forma lamentável, a cursar uma faculdade de medicina de onde sairiam laureados para o êxito da clínica médica ou cirúrgica!

Do mesmo modo, quantos advogados de nota se perderam na pessoa de jovens que se acham cursando cheios de repugnância e temor as aulas de anatomia de uma escola médica, graças à imposição tirânica da autoridade paterna!

Quantas invenções engenhosas de reais proveitos para a humanidade estão sendo demoradas porque os cérebros que as trouxeram em gestação ao mundo se perdem na cômoda posição de comerciante que escolheram seus portadores!

Temos aqui um pintor sem nenhum merecimento. Talvez na carreira das armas fosse um grande general.

E esse professor falsamente apoiado em sua cátedra, recitando lições sem alma e sem interesse pelo progresso dos alunos, preguiçoso e sem utilidade, não estará recalcando as excelentes qualidades em uma função benéfica para o povo em um outro ramo de atividade?

São comuns esses contrastes chocantes. Eles são uma das causas, talvez a maior e a mais forte, das perturbações sociais a que estamos assistindo no mundo inteiro.

A incompetência gera o desequilíbrio das sociedades e se agrava mais quando lhe falta o necessário poder de adaptação ao meio ou sobre à coisa que tenha de exercer a sua ação.

As pesquisas feitas nos chamados institutos de pesquisas educacionais atendem a um lado da questão, desde que realizadas com um critério preciso. Esse lado atendido, a meu ver, não é o mais interessante do problema.

Imbuídos ainda do materialismo do século passado, estamos procurando resolver pela seleção das aptidões puramente intelectuais uma questão que requer muito mais a escolha das qualidades morais e dos sentimentos.

À nossa pedagogia, com todo o seu complicado aparelhamento e método de ensino modernamente em uso, faltam todos os meios para apurar essas qualidades e esses sentimentos, pois não sendo reconhecidas as ciências ocultas, a elas não poderá recorrer o educador para o livre manejo do material copioso e dos imensos recursos de que dispõem.

Não é, sabemos nós, nem do domínio da Física nem do da Química, da Metafísica ou da Psicologia, o estudo do homem moral, isto é, dos predicados morais do indivíduo. Esse estudo é objeto das ciências ocultas e, como tais ciências não se incluem ainda nos nossos programas oficiais, as investigações em tal terreno, são tidas como duvidosas, senão impossíveis.

O homem, porém, nem sempre consegue deixar de ver aquilo para que não lhe convém olhar.

A verdade tem um extraordinário poder de persuasão. Além do mais, o progresso está sujeito a leis irrevogáveis e invariáveis. Faz-se apesar de tudo.

Independentemente da vontade humana, a sociedade se orienta como é preciso, evolui na direção necessária, cresce e se transforma, modifica-se e toma aspectos antes condenados. O moderno é sempre um passado que se rejeitou.

As ciências ocultas tão vilipendiadas na primeira década deste século estão se firmando dia a dia. Cada vez mais nós as vemos firmar-se, tomando-se de prestígio na opinião publica, muito embora sofram ainda, por um defeito de origem, os prejuízos resultantes da natureza misteriosa falsamente atribuída às suas extraordinárias investigações no domínio dos destinos humanos.

As esferas oficiais já se movimentam no sentido de uma aproximação, pois estão vendo que hoje ao prestígio da tradição se junta ao ocultismo, a importância de uma notória popularidade.

Uma escola oficial na Alemanha integra a Quiromancia a seu programa de ensino e, em toda parte, os jornais abrem suas colunas aos grafólogos, quirósofos e videntes, contando-se aos milhares as organizações supermentalistas onde se congregam pessoas da mais fina sociedade.

De muito pouco valerá realmente o esforço expendido pelo Estado com a manutenção dos institutos de pesquisas educacionais, se, embora determinado com êxito qual a profissão que uma pessoa deva seguir pelo conhecimento prévio dos seus predicados intelectuais e aptidões inatas, gostos e propensões para a carreira que lhe é apontada, nada nos possa afirmar a respeito da conduta que essa pessoa venha ter no exercício da função para que se encaminha.

Será de nenhuma vantagem para a sociedade a providência tomada pelo Estado para lhe dar um médico hábil, se esse médico não tiver moral, se associar-se ao industrial farmacêutico para conseguir vantagens monetárias da venda forçada de medicamentos a sua clientela ludibriada.

Que proveito advirá para o público da escolha prévia do indivíduo que, por suas aptidões, virá a ser um ótimo advogado, ou um grande juiz, se esse advogado lesar as partes e se esse juiz, sem uma moral perfeita, manipular e retalhar a Justiça de acordo com as suas necessidades de momento?

Ao povo convém melhor que lhe sejam dados profissionais medíocres, mas honestos na sua profissão, tomado de zelo e de amor por ela, do que sumidades de moral precária. À ação dessas sumidades podem ter o efeito de verdadeiras catástrofes.

Graças à Quiromancia associada às ciências que lhe são correlatas, é fácil, hoje, estabelecer-se previamente o caráter de uma pessoa.

Sob rigoroso critério científico podem ser expostos os predicados morais e intelectuais, as tendências, as qualidades, os defeitos, os vícios, assim como as virtudes de que somos portadores.

Teremos desse modo, um meio seguro de prevenção contra as dolorosas consequências que o futuro nos queira reservar, como fruto de uma realização impensada.

Se como diziam os antigos, é de máxima importância para cada um de nós o conhecimento de nós mesmos, menor não deve ser, por certo, a importância do conhecimento dos nossos, das pessoas com as quais temos relação e dos que pretendem se relacionar conosco de algum modo. Ao *conhece-te*, junta-se agora o conheçamo-nos.

As sociedades humanas teriam forçosamente um índice mais alto e uma moral mais elevada se pudéssemos realizar esse tão vasto e magnífico programa do conhecimento recíproco.

Ficarei satisfeito e me darei por bem pago pelo meu trabalho e esforço de tantos anos, se este livro, fruto de meus estudos, oferecer a alguém elementos para se conhecer intimamente, determinando as próprias qualidades, os predicados que devem ser cultivados, assim como os vícios e defeitos que se devem corrigir.

Exultarei igualmente se a exposição da minha tão confortadora doutrina contribuir para o surgimento de uma alma desalentada que fosse, animando-a pelo desabrochar radioso de uma nova e consoladora esperança.